다시부르는노래

김옥춘 수필집
다시부르는노래

인쇄 2025년 8월 25일
발행 2025년 8월 29일

지은이 김옥춘
발행인 서정환
발행처 수필과비평사
주 소 서울시 종로구 삼일대로 32길 36(운현신화타워 빌딩) 305호
전 화 (02) 3675-3885, (063) 275-4000
팩 스 (063) 274-3131
이메일 essay321@hanmail.net
출판등록 제300-2013-133호
인쇄·제본 신아출판사

저작권자 ⓒ 2025, 김옥춘
이 책의 저작권은 저자에게 있습니다. 서면에 의한 저자의 허락없이 내용의 일부를
인용하거나 발췌하는 것을 금합니다.
COPYRIGHT ⓒ 2025, by Kim okchun
All rights reserved including the rights of reproduction in whole or in part in any form.

저자와 협의, 인지는 생략합니다.
잘못된 책은 바꿔 드립니다.

ISBN 979-11-5933-602-7 03810
값 13,000원

Printed in KOREA

* 이 책은 2025년 한국예술인복지재단의 창작지원사업 지원으로 제작비의 일부를
  지원받아 발간되었습니다.

다시 부르는 노래

김옥춘 수필집

수필과비평사

작 | 가 | 의 | 말

나의 글쓰기는 어디쯤 왔을까? 살아오는 동안 그 많은 견딤의
날들과 오랜 시간 삶의 언저리에서 맴돌던 글쓰기.
퍽이나 고된 시간들이었습니다.
그 아픔 너머에 풀어내지 못한 이야기들이 조금씩 조금씩 그 문을
밀고 문학 안으로 또다시 얼굴을 내밀어봅니다.

첫 번째 수필집을 낸 지 어느덧 아홉 해가 지났습니다.
한 줄 한 줄 써 내려간 문장들이 모여 수필이라는 이름을 달고
예언자 같은 얼굴로 독자들을 만나고 싶습니다.
평범한 내 삶의 이야기지만 일상의 기록을 넘어, 따뜻한 마음을 가진
여러분들과 공감하는 사유의 시간을 만들고 싶습니다.
고맙습니다.
그동안 책을 만들도록 도움을 주신 여러 선생님들께도
고마운 마음을 전합니다.

2025년 6월
김옥춘

축|하|의|글

홍금자 (시인)

다시 부르는 노래

여기
꽃무릇 한 무리 피었네
그대 이름 "다시 부르는 노래"

그대는 햇살 끌어당겨
수필의 섬 향해
홀로 시간을 견뎌온 사람
그대의 말은
순수의 결정체
지극한 언어들이 별빛 되어
그 길 걷는 이마다
푸른 힘 만들어 건네고 있네

그대의 입안에서 오래 빚은
순한 문장들
조금은 느린 걸음이지만
노랗고 빠알갛게 피어
더는 오를 수 없는
하늘의 별로 떠오를 때까지
또 쓰고 지우며
그 가슴 풀어내고 있네

지나간 삶 우려낸 말들
밤낮으로 길어 올린 언어의 샘
그대 이력 한켠
또 한 권의 수필집
이 계절 마음 정갈한 사람들
만나고 있네

차례

작가의 말
축하의 글 / 홍금자(시인)

| 1부 이름 없이 살다 간 여인 | 이름 없이 살다 간 여인 • 16
고향의 가죽나무 • 21
까마중 • 25
아버지와 곰방대 • 29
엄마의 빈자리 • 34
쥐 이야기 • 38
집에 대한 집착 • 43
치마, 그리고 어머니의 삶 • 49
택배 • 55
어머니의 사랑법 • 59

2부 다시 부르는 노래

다시 부르는 노래 • 66

관심 • 70

그 노래를 들으면 한 아이가 생각난다 • 74

그해 겨울 • 78

꽃고무신 • 84

약속 • 89

오월의 삽화插花 • 93

볼수록 멋져요 • 97

한 사람 곁에 • 102

3부 어머님의 쪽머리

들장미 • 108

어머님의 쪽머리 • 113

꽃길 • 117

어머니, 끝없는 희생 • 122

무엇이 될까 • 126

이별할 때 • 131

잃은 것과 얻은 것 • 137

파먹는 즐거움 • 142

김치국수 • 147

팔불출의 한담 • 151

4부 잠깐 눈 붙이세요

9와 10 • 158

잠깐 눈 붙이세요 • 162

예쁜 말 • 166

가지 않은 길 • 170

건망증이여, 안녕 • 173

고향 • 177

지나간 날들은 더 그리워지네 • 182

한 권의 책 • 186

마음을 나누는 일 • 190

5부 며느리밥풀꽃

며느리밥풀꽃 • 196

부모 마음 • 200

안개 • 205

양심 거울 • 209

어떤 인연 • 214

음악으로 하나되다 • 220

탱자나무 울타리 • 224

터널은 출구가 있다 • 228

마침내 그리스 • 232

이름 없이 살다 간 여인
고향의 가죽나무
까마중
아버지와 곰방대
엄마의 빈자리
쥐 이야기
집에 대한 집착
치마, 그리고 어머니의 삶
택배
어머니의 사랑법

1부

이름 없이 살다 간 여인

이름 없이 살다 간 여인

모든 만물에는 이름이 있다. 이름이 없는 줄 알았던 풀포기도 사실은 내가 그 이름을 몰랐을 뿐이다. 사람은 이름대로 산다고 하여 돈을 들여서 소문난 작명가를 찾아가기도 한다. 그런데 평생 이름 없이 살았던 한 여인이 있었다. 나의 어머니이다. 이름 없는 여인의 일생은 어떠했을까.

내 아이들이 초등학교를 다닐 때, 부모와 조부모 외조부모까지 이름을 적어서 내라는 적이 있었다. 호적등본을 제출하라는 것도 아니고, 그냥 종이 한 장에 적어 보내면 되는데도, 이름이 없는 외할머니를 호적에 있는 그대로 성과 씨氏라고 적기가 망설여졌다. 애들도 "친할머니는 귀

할 귀貴 못 연淵 하면서 한자까지 멋있게 썼는데, 외할머니는 왜 이름이 없고 '씨'예요?" 하고 물었다. 나 역시 학교에 다닐 때 엄마의 이름에 ○氏라고 적어서 제출하려면 조금은 창피한 생각이 들어서 엄마는 왜 이름이 없냐고 어머니께 물었다. 그때 어머니는 "니 이모 이름 지을 때, 너의 외할아버지께서 큰애는 금녀, 작은애는 옥녀라고 하자." 하셨지만 큰딸인 엄마에게는 아무도 금녀라고 부르지 않았다는 것이다. 엄마는 이미 출생신고를 한 지 오래되어서 그대로 살았다고 한다. 그 말이 쓸쓸하게 들렸다. 결혼을 하고 나서는 새댁으로, 첫아이가 생기자 누구 엄마로 불렸을 것이다. 지금도 여자들은 결혼을 하고 사회생활을 하지 않으면 이름 불릴 일이 별로 없는데 예전에는 더 그랬을 것이다.

요즘은 일이 잘 풀리지 않는다고 개명을 하는 사람들이 있다. 한번 호적에 올라있는 이름을 바꾸려면 가정법원에 사유를 적은 개명허가신청서를 제출해야 한다. 그래서 이름이 마음에 들지 않는다고 앞길이 술술 잘 풀리는 이름을 지어서 개명을 하는 사람들도 있지만, 어머니는 이미 돌아가셔서 굳이 그렇게 할 필요는 없었다. 결국 어머니는 한 번도 이름을 가져보지 못한 셈이다.

나는 애들을 핑계 삼아 어머니에게 이름을 지어드리기로 했다. 몇 가지의 이름을 놓고 저울질했다. 외할아버지가 지어주신 '금녀'로 할까 하다가 이왕이면 예쁘게 짓자 하고 '예분'이라고 적었다. 예전엔 여자아이는 '간난이' '언년이' '이뿐이'라고 부르기도 했었다. 엄마도 이뿐이라고 부르던 그런 시절이 있었을 것 같아 발음을 표준어에 맞추어서 '이쁜'

'예쁜' 하다가 '예분'으로 정했다. 순수한 한글 이름 예분, 이미 돌아가신 분의 이름인데 문제될 일은 없을 것 같았다. 그 시기에 자라는 아이들에게 집안 어른들의 이름 정도는 알고 있어야 한다는 교육방침이었지 싶다. 우리 아이들도 외할머니 이름은 예분이라고 알게 되었지만, 어머니는 이미 이 세상에 계시지 않기 때문에 불러드릴 기회는 없었다. 만약 살아계신다면 개명 신청을 해 드렸을 텐데 호적에는 여전히 ○씨氏로 변함이 없다.

그런데 얼마 전 미국에 사는 딸에게 가려고 이스타 비자(ESTA VISA)를 신청하는데 전에는 없던 양가 부모님 이름을 적는 칸이 있어서 의아했다. 그러나 당황하지 않고 전에 했듯이 친정어머니는 예분(ye bun)이라고 영문까지 적었다.

예분. 불러주지 못한 이름은 슬프다. 그러나 불러줄 이름도 없었던 어머니 당사자는 늘 당당하게 살았다.

어머니는 열여섯 살에 아버지와 결혼을 했다. 아버지는 스물다섯 노총각이었다고 한다. 외할아버지와 친구 사이였던 친할아버지는 어느 날,

"자네 큰여식을 우리 장남하고 짝지어주세."

라고 하여 열여섯에 꽃가마 타고 시집을 와서 두 분은 부부가 되었다. 엄마는 장가도 못 가고 비실거리던 스물다섯 노총각이었다고 언젠가 아버지를 폄하하는 말을 했지만 먼발치에서 눈여겨보긴 했었다고 한다. 나는 클 때 아버지는 인물이 잘생겼다고 생각했다. 키도 크고 눈도 크고

체격도 좋은 아버지였다. 그 무렵 나는 사람들 얼굴을 관찰하고 비교하는 버릇이 있었다. 친척 오빠들이나 멀리서 시집을 오는 새댁의 얼굴이 '예쁘다, 밉다, 잘생겼다.' 하며 마음속으로 평가하고는 했다.

엄마는 자그마한 몸집에 얼굴도 작고 여성스러운 모습이지만, 성격과 일솜씨는 야무졌다. 못하는 것이 없었다. 음식이나 길쌈, 바느질이며 시부모 모시는 일, 작은집 식구들과 친척들 관계도 잘 건사하셨다. 시골집 부엌의 무쇠 솥과 장독대의 항아리들이 언제나 반들반들했다. 엄마는 부지런하다는 말보다는 바지런했다는 말이 더 어울린다. 잠시도 몸을 놀리지 않고 일을 하셨다. 나는 아버지에게 말대답도 잘 못했는데. 자그마한 엄마는 아버지에게 가끔 잔소리도 잘했다. 당연히 나에게도 엄격했다. 코를 훌쩍일 때, 밥을 흘릴 때, 이웃 어른에게 인사 안 할 때, 뛰다가 넘어져도 혼났다. 그때는 잔소리라고 생각했지만 지나고 돌아보니 그것은 가정교육이었다. 아버지는 선량한 분이고 늘 자식들을 사랑으로 감싸주셨다. 집안에 불화는 거의 없었다. 두 분이 일찍 돌아가신 것이 아쉽기만 하다. 이름 없이 살았던 어머니. 인생에 오점은 없었다고 생각하지만 엄밀히 따지면, 어린 자식을 셋이나 앞세우고 남은 자식들이 어떻게 사는지 못 보고 가신 것이 오점일 수도 있다. 그러나 그 시대엔 회갑을 넘기는 사람이 많지 않았기 때문이려니 마음을 달래본다.

부모님의 삶의 점수는 자식들에 의해 평가되기도 한다. 이름도 없이 살았던 어머니의 자식 삼남매와, 그에 딸린 아들딸과 손주들이 모이면 웃음이 끊이지 않고 즐겁다. 모난 자식 없고 특별히 앞서지도 또 뒤처지지도 않고 모두 감사하는 마음으로 서로서로를 챙긴다. 앞으로 펼쳐갈 다음 세대까지도 '예분' 어머니를 기리며 누가 되지 않고 반짝이며 살리라 믿어 본다.

고향의 가죽나무

봄이 거의 끝나갈 무렵, 딸 친구의 문자를 받았다. 고향에서 친정어머님이 보내주신 가죽나물이 많은데 먹을 수 있냐며 의견을 물어왔다. 망설이지 않고 좋다고 했다. 잠시 후 신문지로 싸서 비닐봉지에 담은 딸 친구 어머니의 정성까지 전해 받았다. 오랜만에 보는 가죽나물이다. 줄기가 쇤 부분은 잘라내고 연한 잎은 그대로 골라서 끓는 물에 살짝 데쳤다. 물기를 꼭 짠 나물은 두어 줌 되었다. 한 줌은 간장에 갖은 양념을 하여 조물조물 무치고, 나머지는 고추장에 매실 액을 넣고 깨소금을 솔솔 뿌려 버무렸다. 가죽 나물은 고향을 생각나게 했다. 헹굴 때 어린 잎 하나 버리지 않고 알뜰하게 건졌다.

지난봄에 한국문인협회 사무실에 갔다가 이오장 시인을 만났다. 그 시인은 마침 『나무가 생명이다』라는 시집을 발간했다면서 사인을 하여 한 권 주었다. 시집을 펼치는 나에게, 시詩 중에 관심 있는 나무가 있냐고 물었다. 몇 장 넘기자 '가죽나무'라는 제목을 보는 순간 고향집 마당가에 크게 자라던 가죽나무가 생각났다. 거의 구십 편 정도의 나무 시 중에서, 가죽나무를 찾아서 읽은 그날부터, 가죽나무 한 그루가 가슴 한쪽에서 자라기 시작했다. 잎이 돋고 그늘을 만들 때쯤 딸 친구가 나물을 보내온 것이다.

가죽나무는 공원에 심기도 하지만, 가로수로 심기도 하고 척박한 토양에서도 잘 자란다. 성장이 빠르고, 키 큰 나무는 20~25미터에 이른다. 연한 순은 나물로 먹는다. 뿌리는 약재로 쓰이고, 몸통은 목재나 가구재로 또 농기구를 만들기도 한다. 6~7월에는 연노란 작은 꽃이 핀다. 버릴 것이 없는 나무다.

고향집을 생각하면 오랜 시간이 지난 지금도 가슴이 아리다. 아버지는 동네 사람에게 사기를 당했다. 우리 가족은 정든 집을 떠나서 다른 곳으로 이사를 했다. 태어나서 살던 집 주변엔 갖가지 과일나무가 있었다. 내 손이 닿는 앵두나무의 빨간 앵두의 달콤함, 막대기로 털어서 따 먹던 새콤한 자두나무, 키 큰 밤나무 밑에 가면 풀숲에 떨어져 있는 반들반들한 알밤을 줍는 재미가 있었지만, 새벽마다 엄마가 깨우는 건 정말 싫었다. 봄이면 감나무는 꽃목걸이를 선물했다. 갖가지 과일나무는 계절이 바뀔 때마다 나에게 간식거리를 제공했다. 텃밭에서 때가 지나도록 일손을 놓지 않는 엄마에게 "엄마 배고파." 하며 밭고랑으로 다가간다. 일손을 멈추고 밤나무에서 입을 벌리려는 밤송이를 털어서 한 발로 누르고 호미로 툭툭 치면 반쯤 익은 풋밤이 빠져 나왔다. 엄마는 내 통치마 자락을 주머니처럼 접어서 풋밤을 담아주면 마당 한쪽 가죽나무 아래 바닥에 털썩 앉아서 앞니로 껍데기를 까서 떨떠름한 껍질은 뱉어내고 고소한 속살을 먹었다. 여름이면 마당에 그늘을 만들어 주던 키 큰 가죽나무 그늘 아래에서 공기놀이, 고무줄놀이를 하며 놀던 그때가 그립다. 내가 열 살 무렵까지 놀이터였던 가죽나무와 고향집은 꿈속에서도 나의 놀이터였다.

반세기도 더 지났지만 진한 그리움은 더 깊어진다. 고향에 계신 언니에게 전화를 했다.

"언니, 우리가 할아버지 대부터 살던 집에서 이사할 때 가죽나무는 어땠어요?"

"음, 봄에 이사했으니까 새순이 막 나오기 시작했지."

언니와 대화하며 반세기도 더 전, 살던 집 마당에 있던 가죽나무와의 추억 속으로 젖어들었다. 내가 열 살까지 살던 고향집 마당 한쪽에는 키 큰 가죽나무가 있었다. 언니는 가죽나무 이야기를 나보다 더 아쉬움을 나타내면서 들려줬다. 마당 한쪽에 서있는 가죽나무는 곧게 올라가며 크다가 사방으로 가지를 뻗었다고 한다. 봄이 되어 불그스름한 색의 새순이 자라면, 아버지는 사다리를 나무에 기대놓고 올라가서 나물거리를 자루에 가득 따가지고 내려왔다. 어머니는 나물을 데쳐서 간장으로 양념을 하거나, 고추장에도 버무려서 아버지 밥상에 놓아 드리면 맛있게 잘 드셨다고 한다. 언니와 나는 특유의 향이 싫었던 기억이 나는데, 아버지는 그 향이 좋으셨나 보다. 한차례 나물거리를 뜯고 나면 남은 순은 금방 무성하게 자라서 마당에 그늘을 만들어주었다. 일손이 바빠 가죽나물을 두세 번씩 뜯지는 못했다. 잎이 무성해지면 자잘하고 노르스름한 색의 꽃이 피었다

혼기가 가까워오는 언니가 있는 집에, 이웃 아주머니들이 놀러오면, 점점 몸통이 굵어지는 마당의 가죽나무를 보며 "잘 큰다. 큰딸 시집갈 때 장롱 짜주면 되겠네." 라며 웃음꽃을 피웠다. 그때 들었던 이야기를 언니에게 했더니, 언니는 어떻게 그런 것까지 기억하냐며 옛날을 회상했다. 지나간 일이 금방 잊히는 것이 있는가 하면 오래도록 잊히지 않는 것이 있다. 나는 고향집에 대해서는 소소한 것도 생각이 난다. 언니는 틈틈이 옥양목 천에 십자수와 동양자수를 놓아서 넓은 횃댓보와 양복 커버를 만들었다. 재산을 잃은 아버지 탓에 언니는 이사한 이듬해 결혼을 하면서 혼수로 장롱을 장만하지 못했다.

가죽나무 장롱은 언니의 마음 안에 터를 잡고 고향을 떠올릴 때마다 지지대가 되었을 것이다. 그때 언니는 가난을 물려준 아버지를 원망하지 않았다. 나도 마음고생으로 일찍 떠난 아버지에 대한 원망은 없었다. 가족을 걱정하며 눈을 제대로 못 감았을 아버지를 생각하며, 각진 삶의 모서리에 부딪힐 때마다 마당가의 가죽나무는 포근한 품이 되어주었다.

까마중

작가 '한강'의 시집 『서랍에 저녁을 넣어 두었다』를 읽다가 짧은 시 한 편에서 눈을 떼지 못했다. 읽고 또 읽었다. 시가 어려웠지만 마음을 움직이게 하는 힘이 있었다.

> 어떤 종류의 슬픔은 물기 없이 단단해서, 어떤 말로도 연마 되지 않는 원석原石과도 같다. (《몇 개의 이야기 12》 전문)

한강의 시를 읽는 순간, 내 슬픔은 원석과도 같이 단단하다는 생각이 들었다.

집을 떠나 타지에서 직장에 다닐 때 친구의 연락을 받았다. 내가 없는 우리 집에 들렀는데 어머니의 건강이 많이 안 좋아 보였다는 것이다. 첫 기차를 타고 서둘러 집으로 돌아왔다. 고향집을 향해 오르는 언덕은, 어머니가 계시는 곳 내 마음 한쪽에 자리 잡고 늘 염려하며 그리워하던 땅이었다. 가을걷이를 하던 이웃들이 오랜만이라며 반가워했다. 어떤 종류의 슬픔도 짐작할 수 없는 여전히 평화스런 그곳은 곧 닥칠 슬픔에 대해서는 전혀 예상하지 못했다.

어머니는 반가워하면서도 자리에서 일어나지 못했다. 죽을 끓여드렸는데 조금밖에 못 드셨다. 늘 위장병을 앓던 어머니였기에 그러려니 했다. 그리고 3일 후 어머니는 한마디 말도 못하고 숨을 거두었다. 마당에는 가을걷이해 놓은 곡식 단이 쌓여 있었다. 서둘러서 알곡을 털어 담으면서 틈틈이 들여다보았지만, 아무런 기척이 없었는데도 나는 눈치 채지 못했다. 일하다 궁금하여 보러 오신 이웃집 할머니가 방에 들어가더니 "아야, 얼른 들어와 봐라."하면서 다급하게 불렀다. "아이고 눈도 못 감았네."하신다. 무슨 날벼락이란 말인가. 어머니는 허공을 향해 눈을 뜨고 있었다. 내가 들어가자 할머니는 무슨 뜻인지 잘 알아듣지는 못했지만, 어머니를 달래듯 주문처럼 뭐라고 하면서 거친 손으로 눈을 위에서 아래로 쓸어내렸다. 아무 걱정 말고 편히 가시라는 부탁 같았다. 그러자 어머니의 눈은 순순히 감겼다. 주무시는 것처럼 편안해보였다. 나는 죽는다는 것은 당연히 눈을 감는 것이라고만 생각했었다.

나와 열두 살짜리 아들을 남겨두고 떠나는 어머니는 눈을 감지 못했다. 그때까지도 어머니가 살아있는 줄 알았던 나는 철딱서니 없는 딸이었다. 난 울지 않았다. 아니다 울지 못했다. 얼이 빠졌는지 울음도 나오지 않았다. 말도 나오지 않고 움직일 수도 없었다. 잠도 오지 않았다. 모든 생물이 어머니와 함께 죽은 것처럼 고요했다. 음력 열나흘 달이 교교하게 비추는 텃밭에는 가을바람에 수숫대의 서걱거리는 소리만이 지구가 움직인다는 것을 알려 주고 있었다.

집안 어른들은 나에게 아무것도 요구하지 않았다. 동생의 손을 잡고 장지에서 돌아오는 길섶엔 들국화 한 송이 피어있었다. 키 작은 꽃 한 송이 외로워 보였다. 나의 외로움인지 철부지 남매를 두고 떠나는 엄마의 외로움인지, 온몸으로 아픔이 느껴져서 가슴이 먹먹했지만 눈물은 나지 않았다. 그러나 들국화엔 눈물 같은 이슬방울이 맺혀있었다. 엄마의 눈물인가?

어머니를 보낸 후 처절하게 살아냈다. 내 슬픔은 가슴깊이 묻어두고 수없이 닥치는 터널을 통과하고 세상을 향해 바람과 비를 맞서서 나갔다. 춥고 괴롭기도 했지만 더러는 햇볕이 찾아와 주기도 했다. 따뜻했다. 보살핌의 손길을 느꼈다. 그러면서 나는 점점 더 단단해지고 있었다. 대책 없이 떠나버린 어머니의 죽음이 배신이라고 생각했던 적이 있었지만, 힘든 시기가 지나가자 갑자기 그 죽음이 가여워지기 시작했다. 눈도 감지 못하고 가신 엄마가 가여워서 자꾸만 눈물이 나려고 했다. 아무도 없는 방에 쭈그리고 앉아서 속으로만 울었다. 가슴속에 고인 내 슬픔은 점점 더 돌처럼 단단해졌다.

얼마 전 다니러 갔던 미국 텍사스주, 휴스턴에 있는 딸 집 정원 한쪽에 까마중 한 포기가 자라고 있었다. 계절은 12월말이었다. 서울은 눈이 내리고 온통 얼어붙는다는 소식이 들리는데 그곳은 따뜻했다. 어디서 날아온 씨앗인지 잔디를 피해 맨땅에 뿌리내린 까마중 한 포기, 딸이 가꾸지 않았다는데도 제법 굵은 줄기에 반지르르한 까만 열매가 조롱조롱 달려있었다. 감자밭에서 일하는 엄마 치마꼬리를 붙잡고 칭얼거리면 내 손바닥에 놓아주던 그 열매였다. 그것으로 고픈 배는 부르지 않았지만, 엄마의 사랑을 받아먹은 어린 영혼은 충분히 배가 불렀다. 그때 달달한 맛을 지금도 기억하고 있다.

나는 혼자 정원을 거닐다가 까마중 열매를 입에 넣고 오물오물 먹어보았다. 어려서 먹던 맛과 똑같이 달달한 그 맛이다. 그리고 틈만 나면 정원에서 까맣게 익어가는 까마중을 보면서 어머니가 보낸 선물이 아닐까 하고 생각했다. 먼 나라에서 어머니를 생각만 했는데 죄송함과 그리움으로 가슴이 터질 것만 같았다. 나는 딸을 키워 먼 나라에 오고가며, 어머니는 상상도 못했을 여러 가지를 누리며 즐겁게 지내고 있다. 하지만 당신의 딸은 어머니에게 해 드린 것이 없다는 생각을 하니까 눈물이 주루룩 볼을 타고 흘렀다.

정원에 서있는 몸집이 큰 나무에 기대어 울었다. 딸이 보면 오해할까봐 조용히 울었다. 흐르는 눈물을 닦으면서 신경림 시인의 〈갈대〉를 생각했다. "산다는 것은 속으로 이렇게 조용히 울고 있는 것이란 것을 그는 몰랐다." 단단했던 슬픔이 서서히 녹아내리고 있었다.

아버지와 곰방대

대파를 보면 곰방대를 입에 물고 벌레를 잡으시던 아버지가 생각난다. 아버지는 흰색 광목이나 여름이면 삼베로 지은 중의적삼을 입고 논과 밭에서 언제나 일을 하고 계셨다. 적삼 위에는 회색이나 갈색 조끼를 입고, 조끼 주머니에는 항상 곰방대와 담배쌈지가 들어 있었다. 담배를 참 좋아하셨다. 일하는 중간 중간 쉴 참에는 밭둑이나 논둑에 앉아서 곰방대의 대통에 잘게 썬 잎담배를 꼭꼭 재워 넣고 맛있게 피우셨다.

한국에 담배가 들어온 시기는 1618년경이고, 담뱃대는 17세기 초엽에 보급되었다고 한다. 담뱃대에는 장죽이라는 긴 것과 곰방대라는 짧은 것이 있다. 장죽은 양반 권위의 상징처럼 되었다가 담배가 대중에 보급

되면서 널리 퍼지게 되었다. 일반 서민들의 일상 활동에서 장죽은 거추장스러웠으므로 설대가 점점 짧아졌을 것이라고 생각된다. 곰방대는 물부리와 설대, 대통을 연결해서 만든 것으로 생김새는 장죽이나 같았는데 단지 설대가 짧았다.

오늘날에는 궐련이 보급되어 잘게 썬 잎담배의 수요가 날로 감소됨으로써 담뱃대는 거의 사라져 보기 힘들다. 궐련이 생기기 전, 젊은이들은 종이에 잎담배를 넣고 말아서 피웠다. 어떤 집에서는 아이들 공책을 함부로 북 찢어서 담배종이로 사용하는 바람에 숙제를 해 놓은 공책이 없어졌다고 울고불고 난리를 피우기도 했다. 내가 어렸을 때는 부싯돌을 사용하여 마른 쑥에 불을 댕겨서 대통에 담은 잎담배에 불을 붙이기도 했으니, 무엇이든지 참 귀한 시절이었음을 알 수 있다.

아버지는 몇 개의 담뱃대를 갖고 있었다. 장죽을 허리춤이나 등 쪽에 꽂고 들로 나가던 아버지의 담뱃대는 점점 짧아지더니 언제부터인가 곰방대를 갖게 되었다. 곰방대를 갖게 되고 나서 너무 방정맞아 보이지 않느냐고 엄마에게 물었다. 엄마는 거추장스럽지 않아서 좋다고 했다. 그 후부터 아버지는 두루마기에 갓을 갖추고 잔칫집이나 장에 갈 때는 장죽을 챙기고, 들에 나갈 때는 곰방대를 들고 나가셨다. 아버지는 일하면서도 담배를 피우는 습성 때문에, 멀쩡한 조끼 앞자락이나 바지통에 담배 불똥이 떨어져서 구멍이 생겼다고 엄마는 잔소리를 하고는 했다. 장죽은 길어서 대통이 멀찍이 있으니까 불똥이 떨어져도 옷자락을 태우지 않지만, 곰방대는 짧아서 담배 불똥이 앞섶에 바로 떨어지곤 했던 것이다. 그러면 아버지는 변명도 못하고 "으흠! 으흠!" 하며 헛기침만 했다. 아버지는 담배가 떨어져서 구할 수 없을 때는 빈 곰방대를 물고 일을 했다.

방랑벽이 있는 작은아버지는 젊은 시절엔 객지에 나가 지내다가 돈이 떨어지면 돌아오곤 했다. 할아버지께서 돌아가셨을 때는 만주까지 가서 찾아왔다고 한다. 작은아버지는 혼인을 하고 살림을 냈지만 방랑벽은 여전했기에 작은집 오빠와 언니는 어려서 우리 집에서 같이 살기도 했다. 어느 해 작은아버지는 성공하면 돌아온다고 하며 식구들을 데리고 고향을 떠났다.

작은아버지는 젊어서 객지에서 노름으로 많은 돈을 잃고 돌아오면, 아버지 앞에 회초리를 갖다 놓고 종아리를 걷고 때려 달라고 했다. 그럴 때마다 아버지는 차마 아우를 때리지는 못하고, 논밭 한 뙈기씩 팔아서 빚 갚아주고, 키우던 소고삐를 손에 쥐어주기도 했다고 한다. 아들이 없는 아버지는 조카를 잘 키워 집안의 장손으로 삼으려고 했다. 마음을 잡을 줄 알았던 작은아버지는 결국 아버지 곁을 떠났고, 엄마의 푸념은 늘어만 가고 아버지는 야속한 마음에 애매한 담배연기만 뿜어내셨다.

아버지는 술이라도 한잔 마시고 들어오는 날은 깊은 밤에도 잠을 잘 못 이루고 사랑방에서 재떨이에 담뱃재를 탁탁 터는 소리가 났다. 엄마 역시 밤새 뒤척이고, 아침이면 사랑방 재떨이에는 담뱃재만 수북했다.

나는 어렸지만 아버지와 엄마의 시름의 의미를 알 수 있었다. 뒤늦게 내게 남동생이 생겼다. 온 마을과 집안의 축복을 받으면서 태어난 늦둥이 아들의 재롱은 늘어나는데, 줄어든 재산은 늘지 않았으니 아버지의 걱정은 날로 깊어만 갔다.

닷새마다 멜빵으로 자루를 짊어진 담배장수가 오는 날은, 마을의 한 집에서 담배를 받아 놓고 배급을 주다시피 했다. 그날은 마을 사람들이 마당에 모여서 담배장수가 오기를 기다렸다. 담배를 받아 오는 것은 내 몫이었다. 쌈지에 담배가 떨어지면 공연히 화를 내던 아버지는 일이 손에 잡히지 않아 안절부절못하셨다. 담배장수 오는 날이 아니어도 눈치 빠른 엄마는 내 손에 담뱃값을 쥐여 주며 얼른 다녀오라고 보낸다. 나는 아직 담배 오는 날이 되지 않았다고 하면, 엄마는 그 집 아주머니와 친분이 두터운 덕에 혹시 남은 담배가 있으면 줄 것이라고 했다. 그것은 정말하기 싫은 심부름이었지만, 어쩌다 주인 아주머니를 만나 풍년초 한 봉 받아들면, 나는 날개 달린 듯 단걸음에 집에 당도하고는 했다.

어느 해 아버지는 운동장같이 넓은 밭에 대파를 심었다. 아버지는 동트기 전에 밭에 나가신다. 담배쌈지에 담배가 두둑한 날은 때를 잊고 일을 한다. 엄마가 아침상을 차리면 나는 재빨리 밭으로 달려가서 "아버지, 진지 잡수셔요." 하고 큰 소리로 아버지를 부른다. 일렬로 쭉쭉 뻗어 있는 대파는 어린 눈에 엄청나게 많은 양이라는 생각이 들었다. 어쩌면 돈을 많이 벌 것 같은 기대감으로 아버지를 부르러 가는 발걸음이 더 신이 났던 것 같다. 넓은 대파밭 한가운데 밭고랑에서 허리를 구부리고 일하던 아버지는 "오냐." 하고도 하던 일을 계속하신다. 대파밭에서 아버지는 풀을 뽑거나 벌레를 잡아서 깡통에 담는다. 지난해 친척 농장에서 들은 이야기지만 대파는 생각보다 벌레가 많이 생기기 때문에 정성을 쏟지 않으면 제대로 수확하기 어렵다는 것이었다.

아버지는 감자밭이나 배추밭을 매다가도 벌레가 나오면 준비한 깡통에 담았다. 그리고 그 깡통을 들고 밭 옆의 솔밭으로 들어가서 쏟아버리는 것이었다. 나는 벌레를 왜 솔밭에 버리는지, 또 솔밭에 버린 벌레가 다시 밭으로 기어 오면 어떻게 하느냐고 걱정되어 물어보았다. 아버지는 "새가 잡아먹겠지." 하셨다. 새가 잡아먹으면 불쌍하다는 생각이 들었지만 아버지께 물어보지는 못했다. 굼벵이를 흙속에 묻고 호미로 툭툭 치는 엄마는, 차마 당신 손으로 죽이지 못하고 새들에게 맡겨버리는 아버지를 벌레 한 마리 죽이지 못하는 위인이라고 말했다. 그것은 엄마의 말투로 보아 칭찬이 아니고 비난이라는 것을 알 수 있었다. 벌레 한 마리도 함부로 죽이지 못하는 아버지는 비난을 받을 만큼 나약한 분이 아니었다는 것을 이제야 알겠다. 미물 하나도 함부로 하지 못하는 아버지는 자연의 섭리를 알았던 분이라는 것을….

나는 대파를 보면 곰방대를 물고 밭고랑에서 벌레를 잡아서 깡통에 담던 아버지가 그립다. 그때는 담배가 떨어지면 화를 내던 아버지가 싫었지만 지금 같으면 날마다 담배 심부름을 할 수도 있다. 아버지는 돌아오지 않는 아우에 대한 그리움과 서운함, 희망이라고는 보이지 않는 농촌 현실에 대한 시름을 곰방대에 담아 연기로 날려 보내셨을 것이다. 아버지에게 담배는 유일한 위안제였고 탈출구였음을, 내 나이 그 시절 아버지보다 더 많아진 다음에야 알겠다.

엄마의 빈자리

내가 한 말과 같은 말을 한 사람이 있다는 것을 알고 가슴이 뛰었다. 그는 음악을 하는 '루시드 폴'이다. 해외 유학을 하고 공학박사가 된 그는 작사, 작곡을 하고 노래도 한다. 지금은 영화도 만들고 있다는 기사를 보았다. 그가 지은 노랫말은 한 편의 시라는 생각을 했다. 그리고 그가 바라보는 세상 한 모퉁이의 아픔에 공감했다.

그에 대한 자료를 좀더 찾아보았다. 그러다가 바로 그 말 "할머니, 이모, 누나가 절대 대신할 수 없는, 그 따뜻한 냄새가 그리워 울어본 적이 있기는 한가."라며 어떤 기자와의 인터뷰에서, 엄마 없는 아이들에 대한 그의 노랫말에 대해서 이해하지 못하는 기자를 상대로 하는 독백을 읽었다. 그리고 그는 그 기자와의 인터뷰도 거절했다는 내용이었다.

나에겐 아홉 살 터울의 남동생이 있다. 동생이 다섯 살 적에 아버지가 세상을 떠났다. 그때는 엄마가 계셨기에 아버지의 죽음에 대한 슬픔은 곧 잊을 수 있었다. 동생이 열두 살 적에는 엄마가 세상을 떠났다. 열두 살짜리 아들을 두고 떠나는 엄마는 죽기엔 참으로 서러운 나이, 쉰다섯이었다. 아니, 열두 살짜리 아들을 두고 눈 감기엔 슬픈 나이였다. 그보다도 땅속에 묻는 엄마를 지켜보는 열두 살은 더더욱 애처로운 나이였다. 동생은 엄마의 장지에서 동네 아이들과 제기차기를 하면서 뛰어놀았다. 철이 들었다면 슬픔을 감추기 위해서였을 것이고, 철부지였다면 죽음에 대해서 아무것도 몰랐기 때문이었을 것이다. 두 가지 모두 안타까운 일이다. 나는 지금까지 그날에 대해서 동생에게 물어본 적이 없다. 그래서 그의 속마음을 모른다. 그 후 동생은 아무런 내색도 하지 않고 씩씩하게 잘 컸다. 열두 살짜리 아이였지만 눈치가 빨랐는지, 그 반대였는지는 몰라도 엄마의 부재에 대해 아무런 내색도 하지 않고 자랄 수 있었던 것이 나에겐 고맙고 다행한 일이었다. 아마도 삶의 본능이었을 것이다.

그러나 어느 날부터 동생은 방황하기 시작했다. 반항이 아닌 방황이라고 생각했다. 반항은 상대에 대한 못마땅한 이유가 있어야 할 것인데 누나에게는 반항할 이유가 없다고 생각했다. 아마 나는 반항하는 동생은 인정하고 싶지 않았을 것이다. 동생이 중학교 3학년 때였다. 남자아이들의 심리를 잘 알지 못했던 나는 직장 남자 직원들에게 조언을 부탁했다. 직원들은 동생이 사춘기라고 했다. 이유 없는 반항과 방황이 사춘기라는 것이다. 본인들도 심각한 사춘기를 앓고 있을 때 부모님보다 누나의 조언이 많은 힘이 되었다고 했다. 자기 누나는 책을 많이 읽은 사람이라면서 누나를 존경한다고도 했다. 누나를 존경한다는 그들의 조언을 따르기로 했다. 가능하면 자극적인 말과 행동은 하지 말고 가만히 지켜보면서 기다리라고 했다. 동생의 그런 행동을 이해할 수가 없었고, 괘씸하고 서운했지만 그냥 기다릴 수밖에 없었다. 얼마쯤 지나자 동생은 맑은 눈망울에 멋쩍은 웃음을 담고 조금은 성숙한 모습으로 돌아왔다.

 그런 과정을 겪으며 자란 동생은, 건강한 사회인이 되어 예쁘고 현명한 색시를 만나서 가정을 꾸리고 두 아이의 아버지가 되었다. 가끔 동생집에 들르면 제 아빠와 엄마를 닮은 아이들이 예쁘게 자라고, 한 폭의 그림으로 그리고 싶을 만치 동생은 단란한 가정의 가장으로, 성실한 사회인으로 역할을 잘해내고 있었다.

 조카가 커서 사춘기가 되었다. 조카 역시 제 아버지와 같이 사춘기를 힘들게 겪고 있었다. 동생은 그런 제 아들에게 수시로 심한 꾸중으로 아버지의 권위를 세우려고만 했다. 올케는 아들을 이해하려 들지 않고 억압하려고만 하는 동생의 행동을 못마땅하게 생각했다. 나는 부모의 사랑을 받지 못하고 자랐기 때문에, 아버지의 역할을 제대로 하지 못하는 것이라고, 올케가 이해해 주길 바라는 마음으로 동생을 두둔했다. 그러는 나에게 올케는 "형님이 잘해 주셨잖아요."라고 했다. 그 말에 "아무리 잘해 준들 엄마의 빈자리는 절대 대신 채울 수가 없었던 거야. 겨우 열두 살이었어." 하는데 목이 메었다. 물론 올케의 마음을 모르는 것은 아니지만, 동생의 어렸을 적 외로움까지는 이해하지 못하는 것 같아서 서운한 마음이 앞섰다.

언젠가 영국 문화 협회가 칠십 주년을 맞아 비영어권 102개국에서 4만 명을 대상으로 칠십 개의 단어를 주고 '가장 아름다운 영어 단어'가 무엇이냐고 묻는 설문조사를 했다고 한다. 그 결과 가장 아름다운 영어 단어로 선정된 1위는 'Mother'라고 했다. 그런데 하물며 어린 나이에 엄마를 부르고 싶어도 부를 엄마가 없다면, 보고 싶어도 볼 수 없고, 안기고 싶어도 안아줄 엄마가 없다면, 그 아이는 얼마나 애처롭고 가여운가. 그런 아이들이 참 많이 있다. 그중에 한 아이가 바로 내 동생이었다. 누나가 아무리 잘 돌보았다고 해도 엄마의 빈자리는 무엇으로도 채울 수가 없다.

그때는 등록금 준비와 밥 굶기지 않고 학교 보내는 일이 전부였다. 엄마의 부재에 대한 외로움은 조금도 생각하지 못했던 누나는, 뒤늦게 어렸을 적 동생이 안쓰러워 속으로 울음을 삼켰다.

쥐 이야기

아이들이 어렸을 때, 애니메이션 〈톰과 제리〉를 즐겨 보았었다. 속담엔 "고양이 앞에 쥐"라고 하지만, 쥐가 어찌나 영악한지 항상 고양이가 쥐한테 당하기만 했다. 만화를 보면서 쥐가 고양이보다 훨씬 더 영리하다는 생각을 갖게 되었다. 재미있는 것은 의리도 있었다. 어느 날 보았던 만화의 스토리에서는, 서커스단에서 도망 나온 사자를 고양이 몰래 아프리카로 가는 배에 태워주기도 했다.

시골에 있는 친척집에 갔다. 집 앞 밭둑에 들꽃이 한창이기에 카메라를 들고 나갔다. 담 밑에 쥐 한마리가 휙 지나간다. 쥐를 본 지 꽤 오래된 것 같다. 쥐 사진도 재미있겠다 싶어 마당 한쪽에 서서 가만히 지켜보았다. 담 밑에는 쥐구멍이 있었다. 쥐구멍에서 중간쯤 크기의 쥐 두 마리가 살금살금 기어 나오더니 마당가에 있는 개밥 그릇에서 밥알을 건져먹었다. 얼른 카메라 셔터를 눌렀다. 찰칵 하는 소리에 쥐는 쏜살같이 도망갔다. 먹이를 찾아 나선 쥐 두 마리는 방해꾼의 동작에 도망가기와 먹이 있는 곳으로 다시 나오기를 지치지 않고 계속했다. 도망갔다가 금방 나오는 꼴이 나를 무서워하기는커녕 오히려 놀리는 것 같았다. 하긴 배고픈 쥐의 사정을 알 리가 없으니 그건 오해일 수도 있다. 통속의 철학자 '디오게네스'처럼 "햇빛을 가리지 말고 거기서 좀 비켜주시오" 하는 것 같아서 포기하고 물러났다.

몇 해 전 신축 붐에 편승되어 우리도 집을 다시 지었다. 단층 양옥을 5층 상가주택으로 지었다. 새 집에 짐을 정리하고 난 어느 날, 잠귀가 밝은 어머님이 쥐가 벽을 긁는 소리가 난다고 하셨다. 나는 어머님이 예민해서 그럴 것이라고 했다. 그러나 쥐가 남긴 흔적을 발견하는 데 그렇게 오래 걸리지 않았다. 별로 크지도 않은 생쥐 한 마리가 밤새 긁적이며 집안을 어질고 다녔다. 저녁에 식구들이 모였을 때, 밖으로 내보내기로 하고 현관문을 열어놓고 막대기와 청소기 등 갖은 도구를 들고 쥐를 쫓았다. 그러나 잽싸게 도망가는 데는 당할 수가 없었다. 어딘가 깊숙이 들어가서 나오지 않았다. 포기하고 식구들은 모두 잠자리에 들었다.

나는 잠이 오지 않았다. 궁리 끝에 냄새로 유인을 해서 현관문 밖으로 내보내면 되겠다는 반짝 아이디어가 떠올랐다. 내심 기발한 착상에 회심의 미소를 지으며 잠든 식구들 깰까봐 조심스럽게 주방에서 참기름과 멸치를 찾았다. 그리고 현관으로 가는 길목과 현관 밖에도 참기름에 버무린 멸치를 담아놓고 현관문을 활짝 열어두었다. 비상등만 켜놓고 소파에 앉아서 숨을 죽이고 기다렸다. 아니나 다를까, 꼼짝 않던 놈이 고소한 냄새의 유혹에 더이상 참지 못하고 주방 쪽에서 살금살금 기어 나오는 것이 보였다. 그런데 사람이 있는 낌새를 알아챘는지 다시 싹 들어가버리더니 감감무소식이다. 졸음이 와서 포기하려고 하는데 휙! 하고 검은 물체가 현관에서 주방 쪽으로 들어가는 것이 보였다. 눈 깜짝할 사이의 일이었다.

어머님이 화장실에 가려고 나오다가 "고소한 참기름 냄새와 열린 현관문을 보고 밖에 있는 쥐가 더 들어오겠다."고 하는 것이 아닌가. 그 순간 아차, 했다. 어머님 말씀이 맞았다. 그 놈은 밖에서 냄새를 따라 왔는지, 동료가 초저녁 내내 수난을 겪으며 SOS를 보내서 도우려고 왔는지 아무튼 밖에서 들어온 쥐였다. 며칠간 생쥐 두 마리와 동거하며 실랑이하다가 일단 집안에서 몰아내는 데 성공했다.

쥐를 좋아 할 사람이 있을까만 사실 나는 쥐띠이면서도 쥐를 굉장히 싫어한다. 그래서 우스개로 생쥐띠라고 말한다. "물에 빠진 생쥐"라든가, "생쥐 눈 뜨듯 한다."는 속담은 볼품없는 사람의 경우에 비유한 것이지만, 어쩐지 생쥐는 작고 귀엽게 느껴지기 때문이다. 실제로 쥐가 귀엽게 보였던 때가 있었다.

초등학생 때 일이다. 남동생은 부모님이 늦둥이로 얻은 외동아들이어서 금지옥엽으로 키웠다. 한창 재롱부리면서 예쁜 짓하며 잘 놀더니 어느 날 열이 심하여 자리에서 일어나지 못했다. 약을 지으러 가신 어머니가 장난감 자동차를 하나 사왔다. 어린 동생은 그 자동차를 받아들고 물끄러미 바라만 보다가 기운이 없는지 슬그머니 바닥에 내려놓았다. 좋아하는 장난감을 힘없이 바라보는 그 모습이 어찌나 안쓰러운지 열두 살짜리 누나는 눈물이 나왔다.

그날 저녁 타작을 하고 난 보릿짚으로 아궁이에 불을 때고 있었다. 부엌 한쪽에는 땔감으로 보릿짚을 쌓아두었다. 그 속에서 바스락거리는 소리가 나면서 낟알을 찾는 생쥐 한 마리가 보릿짚 속으로 들어갔다 나왔다 하면서 반짝반짝하는 새까만 눈으로 나를 보고도 도망가지 않았다. 부지깽이로 톡 치면 맞아서 죽을 것같이 아주 작은 놈이었다. 작은 놈이 커서 사람들에게 피해를 주겠지만 바로 앞에서 왔다갔다하는 녀석이 어찌나 귀여워 보이는지, 겁 없이 먹이를 찾아 돌아다니는 쥐를 나는 때리지 않았다. 쫓아내지도 않았다. 먹이를 찾아 먹도록 그냥 두었다. 어머니가 들어오면 숨으라고 신호를 보낼 참이었다. 작은 새끼 쥐와 어린 동생의 생명에 연관이 있을 것 같았다. 생쥐를 죽이면 내 어린동생의 병이 낫지 않을 것 같았다. 아니 어쩌면 죽을지도 모른다는 생각이 들었다.

몇 해 전 영화관에서 애니메이션 〈오버 더 헷지〉를 보았다. 사람들은 토지개발로 자연을 훼손하고, 자연 속에서 살던 동물들은 자기들의 영역을 잃어가고 있다. 평화로운 숲속에 울타리가 생기면서 동물들은 먹을 것이 부족해 울타리를 넘어 인간세상을 습격하면서 상상을 초월한 일이 벌어지는 내용이다. 영화 속에 등장하는 동물들 중에는 죽은척하기를 잘하는 주머니쥐의 부녀도 등장한다. 위급하면 죽은 척해서 사람들을 속이는 주머니쥐는 아주 맹랑한 녀석들이다.

영화를 보면서 생각했다. 지구 위의 모든 생물은 살아갈 권리와 자유가 있다. 지구는 인간만의 것이 아니기 때문이다. 사람들은 그들이 싫어도 함께 살아야 한다. 작은 동물도 살아야 할 이유가 있기 때문이다.

모든 생물이 아름답게 공존하면서 사는 세상을 꿈꾼다.

집에 대한 집착

집을 잃어 본 나는 집에 대한 집착이 크다. 남을 너무 믿었던 아버지의 실수로 잘살던 집을 떠나야 했던 때가 열 살이었다. 다시는 돌아갈 수 없는 줄 알면서도 미련을 버리지 못하고 어린 나이에 가슴앓이를 했다. 그리고 늘 그리워했다.

어렸을 적 추억은 그 집에서 있었던 일이 대다수다. 예뻐해 주시던 할머니가 아파서 누워계셨고, 마구간엔 배가 불룩하던 암소가 밤사이에 새끼를 낳고, 개와 닭과 고양이까지 가족으로 함께 지냈다. 낮에는 잠만 자던 고양이가 밤이면 사냥을 나간다. 창호지 바른 안방 문에 구멍을 뚫어놓고 들락거렸다. 식구들은 아무도 그러는 고양이를 미워하지 않았다. 곳간에 드나드는 쥐를 해결해 주기 때문에 대견해했다. 앞뒤 화단에는 각종 화초가 끊임없이 꽃을 피웠다. 그 집에 더 살았으면 아름다운 동화를 쓰지 않았을까 생각할 때가 있다. 살던 집을 떠나 옮겨갔던 집은 산속에 외따로 지어진 작고 낡은 오두막이었다. 다듬고 손질하여도 흡족하지 않았다. 마음고생 때문이었는지 부모님은 십여 년 사이에 철부지 남매를 남겨두고 먼 길 떠나고 말았다.

그 후 친척 언니의 도움으로 고향을 떠나 서울에 정착했다. 언니 가까이에서 직장을 다니던 나는 일 년이 지나 독립했다. 그리고 고향 외갓집에서 학교를 다니던 동생을 데려왔다. 발품 팔아 반듯한 전세방을 구했다. 국회주택단지에 있는 양옥이었다. 안채는 남향으로 거실과 방이 있고, 뒤쪽에는 주인집과 분리되어 독립된 공간이었다. 남의 집이지만 찾아 헤맨 끝에 마음에 드는 반듯한 집을 찾을 수 있었다.

주인집에는 모녀가 살았다. 딸은 국회도서관에 근무하는 재원이었다. 나이 많은 막내딸과 함께 사는 어머니는 연세가 많은 할머니였다. 딸이 결혼할 생각을 하지 않는다고 걱정이 대단했다. 1970년 초였다. 좋다는 남자도 있는데 콧대만 높아서 거들떠보지도 않는다며 성화였다. 좋은 집에 사는 사람도 걱정거리가 있다는 것을 알았다. 사회 초년생인 나의 풋풋한 젊음을 바라보는 할머니는 나이가 어려서 좋겠다고 부러워했다.

일요일이면 교회에 나가는 우리 남매를 할머니는 따뜻한 눈으로 바라보며 대견하다 하셨다. 그런데 중학생이었던 동생이 학교에서 돌아오면 내가 퇴근하기 전에 친구들과 집에 모여서 장난치고 노는 것을 할머니는 싫어했다. 한번은 안집 주방에 있는 은수저가 없어졌다며 동생과 그 친구들을 의심했다. 주방 문이 잠겨 있었는데 열고 들어갔다는 것이었다. 그럴 아이들이 아니라고 말씀은 드렸지만 여간 찜찜하지 않았다. 며칠 후 둔 곳을 착각하였다고 하여 누명은 벗었지만 그때 셋방살이의 설움을 알게 되었다. 이사하기로 했다. 동생의 등굣길이 편한 친척 언니 집 옆으로 다시 옮겼다.

결혼 할 나이가 되었다며 선을 보라는 말을 자주 들었다. 선을 보기 전에 결혼 상대에 대해 몇 가지 기준을 정했다. 직장, 외모와 학력, 경제적인 능력과 성격도 중요하지만 그건 상대를 만나 본 다음 판단하기로 했다. 그때 미혼 여성들은 맏이를 기피하던 때였다. 나는 맏이라도 집이 있으면 좋다는 생각을 하고 있었다. 어렸을 적 사라진 집에 대한 미련 때문에 나이가 들어서도 포기할 수 없었다. 끈질긴 집착이었다. 몇 명의 맞선 상대는 모두 맏이였다. 내가 드러내놓고 말하지 않았는데도 그들은 집을 갖고 있었다. 그중 한 사람이 나의 평생 짝이 되었다. 처음엔 잘 몰랐지만 그는 과분할 정도로 내가 원했던 조건을 고루 갖춘 사람이었다. 첫째 바람은 부모님이 계시면 좋겠다고 생각했었다. 친정 부모님 대신 시부모님하고도 잘 지내고 싶었다. 마침 어머님 한 분이라도 계셨기에 든든하게 생각되었다.

어머님께 처음 인사드리러 갔을 때를 잊을 수가 없다. 반듯한 양옥이었다. 예쁘기까지 했다. 대문 기둥에는 그의 이름이 새겨진 대리석 문패가 먼저 눈에 들어왔다. 문패를 보자 가슴이 쿵했다. 정원엔 정원석이 가지런하고 커다란 라일락 나무와 후박나무 포도넝쿨 등이 잘 자라는 몇 그루 나무는 싱그러움으로 맞아주었다.

결혼한 지 46년. 대가족이라서 일은 많았지만, 신혼시절 집 장만하려고 허리띠 조이며 저축해야 하는 일은 없었다. 아담한 양옥에 대가족이 서로 부대끼면서 사는 재미도 있었다. 시간이 지나면서 시동생 시누이 오남매는 시집가고 장가들어 독립해 나가자 집은 점점 더 헐렁해지고 여유가 생겼다. 가끔 몇 번씩 집을 옮겨 가면서, 평수 넓은 아파트에 사는 친구들을 보면 한번 움직여 볼까 할 때도 있었다. 하지만 이 집을 떠나면 내 집이 사라질 것 같은 어렸을 때의 불안함 때문인지, 시도조차 해보지 못했다. 지금은 그 자리에 새로 건물을 지었다. 아래층 상가는 자식들한테 손 벌리지 않고 지낼 수 있는 노후대책용이다. 그리고 자식처럼 키웠던 동생이 한 층에서 산다. 동생은 결혼 전에 장만한 아파트를 팔아서 사업을 시작하더니 IMF를 겪으면서 사업을 접었다. 그 후 지하 셋방에서 남매를 키우고 있었다. 결혼 초에는 아파트에서 아가들이 자라는 모습을 보면서, 흐뭇한 나머지 한 폭의 그림으로 담고 싶다고 생각했던 그 단란함은 사라졌다. 곰팡이 피는 반지하 셋방에서 어린 조카들이 지내는 모습을 보고 나오면서 발걸음이 떨어지지 않았다. 당장 우리 집 한 층을 비우고 들어와 살게 했다. 그 후 아들이 결혼하여 한 층에서 살고, 사위와 딸도 회사 일로 해외에 나갔다 돌아와 세놓은 집으로 들어가지 않고 한 층으로 들어왔다. 층마다 모여 함께 살게 되었다.

서늘한 주말 저녁이면 옥상에서 동생과 아들딸 다함께 모여 긴 테이블을 펴놓고 고기를 굽고 와인과 맥주를 마신다. 때로는 피자나 치킨을 시켜 먹기도 한다. 그러나 동물도 때가 되면 부모 곁을 떠나듯이, 신혼 초부터 함께 살던 아들은 애기가 커가자 아파트를 장만하여 이사하고, 사위가 다시 해외 지사로 발령을 받아 떠나게 되자 딸과 외손녀도 뒤따라 출국했다. 제일 먼저 들어와 살았던 동생네가 한 달 후면 분양받은 아파트에 입주한다. 결혼 전에 장만한 아파트를 사업자금으로 팔았던 게 25년 전, 내 집 장만하기 참 멀고도 멀었다. 나는 이제야 친정 동생이 집을 장만하게 되어서 한시름 놓게 되었다. 먼 길 돌고 돌아 아버지 때 팔았던 친정집을 동생이 장만하게 되었다. 아버지 계실 때 조부모님은 고향집 뒷산에 모셨다. 지금도 그대로 있어서 다 같이 모여 성묘를 간다. 자식들에게 내가 자라온 뿌리를 보여줄 수 있어 다행이다.

욕심을 부렸더라면 좀 더좋은 지역, 넓은 아파트에서 지낼 수 있을지도 모른다. 그러지 않은 것은 남편이나 나나 욕심이 없어서일까, 아니면 융통성이 없어서일까, 생각할 때가 있다. 그것은 아무래도 나 때문인 것 같다. 어렸을 때 집은 한번 놓치면 다시 찾기 힘들다는 불안함이 내 가슴 깊이 박혀 있었던 것 같다.

집이란 건물로서의 집(house)이 있고 가정생활을 하는 따뜻하고 아늑한 장소로서의 집(home)이 있다. 따뜻하고 안전한 거처가 되려면 편안하게 지낼 수 있는 건물로서의 집이 있어야만, 아늑한 가정을 가꾸며 행복을 누릴 수 있다고 생각한다. 이 자리에서 떠나지 못하는 나는 어렸을 적

겪었던 아픔이 집에 대한 집착으로 내 발목을 잡기 때문이라고 생각한다. 그러나 한 번도 후회는 하지 않았다.

치마, 그리고 어머니의 삶

새하얀 치마를 입은 무용수들이 무대 위에서 가벼운 몸짓으로 춤을 추면서 오프닝무대를 장식했다. 순백의 무대 의상은 조명이 바뀔 때마다 카멜레온처럼 변하는 색의 조화로 화려함의 극치를 보여주며 신비스럽기까지 했다. '치마로 보는 한국여인의 삶'이라는 제목이 주는 무게의 느낌과는 달리, 치마 입은 무용수들의 자태는 매혹적이고 육감적이었다. 어느 가을날 저녁 남산 중턱 국립극장의 야외공연장에서였다.

한국 여인 하면 먼저 어머니 세대를 생각하게 된다. 어머니 세대는 자의건 타의건 희생의 삶을 살다 가셨다. 대부분의 어머니들은 자신은 돌아보지 않고 갖가지의 어려움을 극복하면서 오로지 가정과 자식을 위해 송두리째 바치는 삶이 당연시 되었다.

어머니를 생각하면서 공연을 보았다. 혼례를 앞둔 여인이 등장한다. 여인은 누에를 따고 실을 뽑는다. 씨줄과 날줄로 천을 짜며 한 여인의 삶이 시작된다. 연두저고리와 다홍치마를 입고 혼례를 올린 여인은 곱고 수줍은 신부의 모습을 보여준다. 신부의 녹의홍상綠衣紅裳은 봄을 의미하는 것 같다는 생각을 하고 있던 터여서, 봄은 계절의 시작이므로 신부에게서는 새로운 삶을 시작하는 설렘이 느껴졌다. 그러나 그것은 잠깐이었다. 험난한 시집살이가 시작된다. 검은 옷을 입은 무용수들이 수없이 많은 바늘이 되어 무자비하게 몰려오는 것이다. 여인은 바늘에 찔리면서도 자신의 삶을 지키려 고통을 참는다. 역경을 견디고 새 생명을 잉태한다. 몸속의 새 생명을 보호하기 위해 치마폭으로 감싸면서 갖은 수난을 다 견디어 낸다. 출산이라는 고통과 환희의 순간을 경험한 후 치맛자락을 들치고 새 생명을 보듬어 안는다. 생명의 탄생을 축하하는 무용수들의 춤은 경건하고 평화스럽다. 출산을 한 여인은 어머니로서의 삶이 시작된다.

나에게는 어머니의 치마에 대한 추억이 있다. 어머니는 늘 흰 무명치마를 입고 계셨다. 어느 해 여름, 속살이 살짝 보이는 항라亢羅적삼을 새로 해 입고 나들이하는 어머니가 곱고 예뻐서 하늘하늘한 소매 끝을 만져보며 잠자리 날개 같다는 생각을 했다. 그러나 치마는 여전히 무명치마였던 것이 어린 마음에도 못내 아쉬웠던 기억이 난다. 어머니의 치마는 어려서 코흘리개였던 나의 콧물을 닦아주었고, 울보였던 나의 눈물을 닦아 주던 치마였다. 내 위로 한 해 터울의 아들 형제를 땅속에 묻었어야 했던 이야기를 하다가도 목이 메어 당신의 눈물과 콧물로 얼룩지게 했던 치마였다. 병원도 없는 시골에서 돌 지난 아기가 고열로 인해 경기驚氣를 하는 것을 식구들이 번갈아가며 코를 쥐고 볼따귀를 때리는 등 지금은 상상도 할 수 없는 민간요법을 썼지만, 소용없어 마지막 숨을 거두는 모습을 속수무책으로 지켜보고만 있었다고 한다. 어머니는 언제나 "금쪽같은 아들을 둘이나…." 하면서 그렇게 한숨짓는 날이 많았다. 오죽이나 답답했으면 다 자라지도 않은 딸에게 가슴 아픈 이야기를 몇 번씩 했을까? 그때는 몰랐지만 내가 엄마가 된 지금 생각하면 엄마가 불쌍하고 그 아픔이 내 가슴으로 전이 된다.

그러나 아들 둘을 잃고 나서 태어난 내가 건강하게 잘 자라주는 것만으로도 기특해 하셨다. 시골의 여름밤은 방에 불을 켜기만 하면 몰려드는 모기 때문에 마당에서 시간을 보내다가 방에는 잠잘 때만 들어갔다. 피워 놓은 모깃불에서는 쑥 향기가 마당을 맴돌다 바람 따라 흩어진다. 마당에 펴놓은 멍석 위에 누워서 쏟아질 것 같은 밤하늘의 별을 헤아리며 논다. 어머니는 입고 있던 앞치마를 벗어서 연기를 날리며 모기를 쫓아 주곤 했다. 별 하나 나 하나 별 둘 나 둘 하던 나는 어느새 잠이 들고 어머니는 앞치마로 잠든 나를 덮어주고는 마실을 가셨다. 풀 먹인 무명 앞치마는 풀이 죽어 후줄근해지고 그을음 냄새와 음식 냄새가 났지만 어쩌면 그렇게도 포근했던지, 이슬 내린다며 들어가라고 깨우면 못 들은 체하고 그냥 잔다. 아침에 깨어보면 어머니의 치마로 배를 가린 채 방안에 누워있다. 그런 날은 잠든 나를 안아서 방에다 뉘였다는 사실 하나만으로 어머니의 사랑을 다시 한번 확인하는 날이었다.

어느 날 이른 아침에 깨어보니까 어머니가 보이지 않았다. "아버지, 엄마는?" 그러자 아버지는 "니 엄마 도망갔다." 그러신다. 나는 콩닥거리는 가슴으로 얼른 일어나서 밖을 내다보았다. 어둠이 채 가시지 않은 마당에 속고쟁이 바람의 어머니가 아침밥을 짓기 위해 불을 지필 나무를 안고 부엌으로 들어가는 모습이 보였다. 그때 나는 고쟁이만 입고 일을 하는 어머니를 보고 안심이 되었다. 치마를 입지 않고는 어디도 갈 수 없는 어머니라는 것을 알고 있었나 보다. 고쟁이만 입은 어머니의 모습에서 안도감과 엄마의 사랑을 느꼈던 그날을 나는 지금도 잊지 못한다. 그 아침에 고쟁이만 입은 어머니, 내가 덮고 있던 어머니의 치마는 나에게 그냥 치마가 아니었다. 자식의 허물을 감싸주고, 부끄러움도 가려주고, 추우면 덮어주는 내 삶의 신앙 같은 것이기도 했다. 어머니의 체취가 배어있는 무명치마, 그것은 어머니가 떠나고 안 계신 세상의 바람이 아무리 차가웠어도 시린 내 어깨를 포근하게 가려주는 바람막이가 되기도 했다.

어머니 생각에 젖어 있는 동안 공연이 마지막에 이르렀다. 무대 위에는 치매에 걸린 한 노파가 세상을 떠돈다. 그녀는 시간이 흐를수록 점점 허리가 꼬부라지고, 행동도 어린아이처럼 자꾸 퇴행되어 간다. 그녀가 죽자 사람들은 그녀를 땅속에 묻었다. 그 무덤가에 꽃이 자라고 그 속에서 한 마리의 나비가 나왔다. 나비가 되어 무대 위를 훨훨 날고 있는 혼령은 여인의 치마와 고쟁이가 나비의 날개가 되어 자유로운 몸짓으로 승화한 것이리라.

한국 여인들에게 치마는 세상에 태어나면서부터 죽는 그날까지 벗어버리려 해도 벗어버릴 수 없는 숙명과도 같은 관계라고 생각한다. 치마 입은 여자를 말하면 나약한 존재로 느껴지지만, 어머니를 생각하면 세상의 어떤 풍파도 이겨내는 강인함을 떠올리게 된다. 그러나 여자였기에, 특히 한국 여인이었기에 겪었던 아픈 사연들은 참 많다.

무용수들은 치마를 입고 춤을 추며 한국 여인의, 아니 우리 모두의 어머니 일생을 실감나게 엮어냈다. 다홍치마의 수줍음과 설렘, 시집살이의 고달픔, 모성애의 강인함, 갖가지 색의 치마를 입은 여인네들의 돋보이는 미와 매력은 아름답고도 슬펐다. 다 내어주고 쪼그라진 몸 하나 의지할 곳 없고 돌보는 이 없어 치매환자로 떠돌다 죽어간 노파, 죽은 후에 혼령이 나비로 승화한 것은 슬프고도 아름다운 장면이었다.

무용은 이해하기 힘든 예술이라는 생각을 했었지만, 무용수들의 음악과 함께하는 춤이라는 몸짓언어에, 대부분의 관객들은 그들과 함께 동화되어 울기도 하고 웃기도 했다. 나는 늘 흰 무명치마를 입고 일하던 어머니의 모습이 무대 위에서 점점 작아지던 노파의 모습과 오버랩되어서 눈앞이 흐려졌다.

어머니는 아픔을 안고 살다 서둘러 가셨다. 꿈속에서라도 한번 보고 싶어 흰 무명치마를 입고 일하던 어머니의 생시 모습을 떠올려본다. 그리고 "엄마!" 하고 속으로 불러보다 목이 메고 눈물이 흘러 돌아눕는다.

택배

아침부터 택배 알림문자가 떴다. 한 시간쯤 지나자 현관 앞에 상자 놓는 소리에 이어 계단을 뛰어 내려가는 발걸음 소리가 멀어졌다.

언제부터인가 택배라는 편리한 제도가 우리 생활 속에 자리 잡게 되었다. 자동차가 많지 않던 시절에는 우마차가 많은 짐을 실어 날랐다. 그러다가 기차나 시외버스에 실어 보낸 물건을 기차역이나 버스 종점에 가서 찾아오기도 했다.

변하는 것들은 속도가 너무 빨라서 따라가기 힘들 때도 있다. 뒤처지지 않으려고 아무리 기를 써도 나는 늘 한발씩 늦다. 그러나 편리함의 매력은 가랑비에 옷 젖듯 스며들어 나도 모르는 사이에 익숙해지곤 한다. 택배가 그렇다.

　이틀 전, 미국 휴스턴에 살고 있는 딸이 보낸 문자를 받았다. 손녀의 비염 치료에 필요한 물품 몇 가지를, 서울에서 쓰던 것으로 주문했으니 보내달라는 것이었다. 현관 앞에 놓고 간 것을 들여오면서 참 편리한 세상이라고 중얼거렸다. 미국에서 주문한 물건을 서울에서 받아서 다시 미국으로 보낸다.

　전에는 우체국을 통해 보내는 물건은 소포라고 했다. 지금은 우체국 외에도 배송을 전문으로 취급하는 큰 물류회사들이 많이 생겨났다. 취급하는 물품 종류와 수량은 상상을 초월한다. 나도 필요한 것을 전화 또는 인터넷이나 홈쇼핑에서 더러 주문한다. 발품 팔지 않고 앉아서 주문하고 받기도 한다. 얼마나 편리한 세상인가. 그러나 필요해서 구매한 물건은 받았을 때 설렘이 없다. 물건의 질과 양을 확인한다. 예전에 우체국을 통해서 소포를 보냈을 때는 카드나 편지라도 써서 넣었고, 받았을 때는 무엇이 들었을까 궁금하고 설렘이 있었다. 그런데 택배는 주문한 수량이나 무게 이상도 이하도 아니다.

　초등학교 다닐 무렵 엄마는 색다른 먹거리가 생기면 친척들과 나누고 싶어서 심부름을 보냈다. 어느 날은 고모 집에 다녀오라고 했다. 고모 집은 같은 마을이 아니었다. 지금 생각해보면 어린 딸에게 심부름 보내기엔 꽤 먼 거리였다. 우리 집은 강동면, 고모 집은 금광면, 엄마 따라 한두 번 갔던 기억으로 나지막한 산을 지나 들길을 걸어갔다. 들고 간 물건을 전해주고 돌아올 때는 고모네 오빠들이 중간까지 동행했었다.

길 잃어버릴까봐 가슴 졸였었지만 지금은 다시 돌아가 보고 싶은 그리운 시절이다. 차도 없고 전화도 없던 때 나누고 싶은 정은 막을 길이 없었던 엄마 덕분에 추억으로 남아있다.

도시에 있는 학교에 다닐 때 자취를 했다. 날씨가 쌀쌀해지기 시작한 어느 날, 우체국 배달부가 자전거에 싣고 온 소포를 받았다. 비료포대 종이로 꼭꼭 싼 포장지를 풀자 집에서 내가 덮던 자주색 천에 큼직한 꽃무늬가 있는 솜이불이었다. 따로 싸서 넣은 보자기 속에는 고향이 가득 들어있었다. 곶감과 알밤, 밑반찬이 담긴 몇 개의 봉지가 나왔다. 그 속에 밀봉한 조미료 봉지까지. 자취방 선반에 하나하나 정리하는데 자꾸만 눈물이 났다. 날씨가 추워지자 가을걷이하던 바쁜 일손을 멈추고 무거운 것을 머리에 이고 우체국까지 20리가 넘는 길을 걸어갔을 어머니. 특히 애틋한 모성은 조미료 봉지에 담겨 있었다. 짐을 싸다가 생각이 났는지, 집에서 반찬에 넣다 남은 미원 봉지를 뜨거운 무쇠솥뚜껑에 녹여서 붙인 것이었다. 올망졸망 따라온 엄마의 마음은 보석처럼 반짝였다. 그냥 소포가 아니라 딸을 염려한 엄마 정성이 들어 있었다.

공부를 위해 집 떠나는 딸 고집을 꺾지 못해 등 돌리던 엄마였지만, 그날 받은 소포에 담아 보낸 마음은 따뜻했다. 그때 소포를 받지 못했다면 그 이듬해 갑자기 돌아가신 엄마의 정을 느끼지 못했을지도 모른다. 늘 일만 하는 엄마는 엄마니까 당연히 그래야 하는 줄 알았다. 하고 싶은 것은 많은데 해주지 못하는 엄마에게 불만만 가득했었다. 소포를 받은 날 가슴 벅찬 밤을 보냈다. 엄마를 생각할 때면 한쪽 가슴이 아프지만, 한편으로는 올망졸망 들어있던 엄마의 사랑을 소중하게 간직하고 있다. 마음이 헛헛하거나 엄마가 그리울 때면 자취방에서 흘렸던 감동의 눈물을 생각하면 이상하게 행복해진다.

우체국에 갔다. 비행기로 열네 시간, 차를 타고 네 시간 더 달려서 갔던 딸집인데, EMS로 보내면 3~4일 후면 도착한단다. 비염으로 불편하게 지낼 손녀에게 한 시라도 빨리 도착할 수 있기만을 바라고 서둘러서 보냈는데, 우체국을 나서는 마음이 허전하고 무겁다. 왜 그럴까? 아! 옛날 엄마가 했던 것처럼 내 딸에게 요것조것 내 마음을 담아 보내지 못했다. 아무것도 필요 없으니 주문한 물건만 보내달라고 딸이 말했지만 아무래도 아쉽다. 손녀가 좋아할 과자 한 봉이라도 넣어 보냈더라면 이렇게 아쉽지는 않았을 텐데, 엄마가 보냈던 소포를 받았을 때 감동이 자꾸만 되살아났다.

마침 설이 가까웠다. 인사동에 갔다. 손녀가 좋아할 액세서리를 골랐다. 물질이 넘쳐나는 세상, 그곳 한인마트에도 웬만한 한국 상품은 다 있다. 하지만 명절 핑계로 손녀의 한복에 어울리는 머리띠와 복주머니, 노리개 몇 가지에 약과와 과자를 샀다. 포장하기 전 색색의 하트를 그려서 만든 카드를 함께 넣었다.

국제 택배를 보내고 돌아오며 물건 받을 손녀를 생각하니, 내가 더 즐거운 건 왜일까.

어머니의 사랑법

지난날 기억은 안개처럼 사라졌다가 나타나고 잊을 만하면 또 생각난다.

아버지를 대하던 어머니의 그때 그 눈빛과 말투는 질투였을까, 사랑이었을까, 궁금할 때가 있다. 그 시절에 부모님이 사랑이라는 말을 나누는 것을 들은 기억이 없다. 그러나 부부간에 서로 위하는 마음은 느낄 수 있었다.

아들을 기다리던 어머니는 마흔이 되도록 소식이 없고, 작은어머니가 셋째 아들을 출산하셨다. 어머니는 더이상 가망이 없다고 생각이 되어, 조카를 양자로 들이고 싶어 했지만, 작은어머니의 거절로 두 분 사이만 멀어졌다. 그러다 어머니의 나이 마흔한 살, 아버지의 나이 쉰에 아들이 태어났다. 쉰둥이라고 온 동네가 들썩거렸다. 삼칠일 되던 날 이른 아침, 미역국 한 대접에 밥 한 사발 수북하게 담아 소반에 차려놓고, 아버지는 삼신할머니에게 큰절을 올리고 두루마기에 중절모를 쓰고 출타하셨다. 아들 이름을 지으러 시오리 되는 곳, 친척 어른을 찾아 가신 것이다.

　이름을 지은 종이를 받아 안주머니 깊숙이 넣어가지고 돌아오는 길, 꽤 넓은 내川가 있는 그곳은 돌다리를 건너야 했다. 동지섣달 매서운 바람은 온몸을 세차게 때리고 돌다리에는 물 얼음이 번들거렸다. 조심스럽게 중간쯤 건너고 있을 즈음 바람에 휘둘리는 두루마기 자락을 모아 잡으려는 순간 회오리바람에 휘청하여 중심을 잃은 아버지는 물에 빠지고 말았다. 살얼음이 저벅저벅한 냇물에서 허우적거리면서도, 핏덩이 아들이 눈앞에 어른거려 필사적으로 일어서려 했지만 도저히 물 밖으로 나올 수가 없었다 한다. 그때 마침 그 옆을 지나던 그 마을 여인에게 발견되어 아버지는 동사凍死를 면하게 되었다.

　어스름 저녁, 흰 두루마기 차림으로 나가셨던 아버지의 옷은 자주색 바지저고리로 바뀌어, 어머니 눈은 휘둥그레지고 벌어진 입은 다물지 못하셨다. 자초지종을 들은 어머니 눈빛은 안도하면서도 아버지에게 하는 말은 꼬이고 꼬여있었다. 어린 내가 듣기에도 어머니는 가시 돋친 말로 "하이고, 꼴 좋소. 젊은 과수댁한테…." 아버지를 도와준 여인이 고맙지 비난할 일은 아니었다. 아버지가 살아오셨으니 다행한 일이 아닌가. 그리고 이름자 적은 흰 종이도 자주색 저고리 주머니에서 꺼내놓았다. 그것을 지키려고 애쓰셨을 아버지를 바라보는 어머니의 마음은 복잡했을 것이다.

사연인즉 적선을 베푼 사람은 남편과 사별하고 혼자 사는 젊은 여인이었다. 그 여인은 남편이 입던 옷을 농 속에 보관하고 있던 중이어서, 아버지 앞에 내어놓아 갈아입도록 했다. 젖은 옷을 벗고 여인이 내놓은 자주색 바지저고리로 갈아입은 아버지를 그 여인은, 잠시 몸이나 녹이고 가시라고 했다. 아버지는 염치불구하고 따뜻한 아랫목에서 몸을 좀 녹이고 오게 되었다며, 인정스러운 그 부인 덕분에 살아서 왔다고 하며, 그 부인을 생명의 은인이라고 하셨다.

그 일이 있고 얼마 후, 아버지와 어머니는 학교가 있는 동네에 볼일이 있다면서 나에게도 함께 가자고 하셨다. 3학년이었던 나는 방학숙제를 하다가 어머니의 말씀에 신나서 따라나섰다. 아버지는 어머니가 정성스레 다듬어 바느질한 흰 두루마기를 입고 앞장서서 훠이훠이 가셨다. 생명의 은인 그 여인을 찾아가는 중이었다. 뒤따르는 어머니는 다른 날보다 머리를 곱게 빗고, 옷매무새도 반듯하게 하고, 아버지가 입고 오셨던 자주색 바지저고리를 손질하여 보자기에 싸서 들고 뒤따르셨다. 어머니는 언니에게 애기 울리지 말고 죽 잘 먹이라는 당부를 하셨다. 귀하게 얻은 아들이지만 어머니는 모유가 모자라서 암죽을 쑤어 모유와 같이 먹였다. 아버지와 어머니는 떨어져서 걸어가고 나는 어머니 치마꼬리 붙잡고 종종걸음으로 따라갔다.

학교 가는 길은 산을 올라가야 되고 산 위에는 성황당이 있었다. 처음

어머니의 사랑법 **61**

다닐 때는 무서운 생각이 들었지만, 늘 다니다보니까 무서움이 없어졌다. 그곳을 지나 또 한 고개를 넘으면 학교가 보인다. 학교 앞은 높은 산이 멀리까지 뻗어있고 깊은 골짜기에서 내려오는 작은 물줄기가 모여서 큰 내가 되어, 여름이면 수업이 끝나고 아이들은 누가 먼저랄 것도 없이 냇가로 달려가서 물놀이를 했다. 물이 조금 깊은 곳에서는 수영을 하고, 보건시간에는 선생님과 함께 나와서 손발을 씻고, 머리를 감기도 했다. 여름에는 더없이 좋았던 냇물이 겨울이면 빙판이 되었다. 그곳에서 아버지가 사고를 당하신 것이다. 학교를 지나서 좀더 올라가자 아버지는 바로 앞의 냇둑을 가리키면서 저 너머에서 일을 당했다고 하셨다.

길 옆 마당이 깨끗한 초가 한 채, 그 마당으로 아버지가 앞서 들어가서 으흠! 하고 기척을 내시니 한 젊은 여인이 나왔다. 어머니가 나서서 차곡차곡 싸서 들고 온 옷 보따리를 내밀며 "새댁 덕분에 우리 애들 아버지가 살았다우, 고맙소." 하며 두 손을 꼭 잡고 고맙다는 인사치레를 연거푸하시고, 아버지는 뒤에서 으흠! 하고 헛기침만 하셨다. 아버지 마음을 박박 긁어대던 젊은 나이였던 엄마, 그때 그것은 핀잔은 아니고 아내의 질투요 남편을 지키려는 어머니 나름의 사랑법이었음을 뒤늦게 알았다.

물에 빠져가며 이름을 지어오신 남동생이 다섯 살 되던 해 가을, 아버지는 병환으로 세상을 떠나셨다. 늘 그 아들이 언제 클까 걱정만 하던 아버지였는데…. 아버지 가시고 몇 해 지나서 그 아들이 다 크기도 전에 어머니도 아버지 뒤를 따라 가셨다.

어머니와 아버지를 생각하면 인생이 참 서글프고 허무하게 느껴질 때가 있다. 그러나 한편으로는 부모님 덕분에 우리들이 잘살고 있으니 인생은 참 아름답고 소중하지 않은가 생각하기도 한다. 그리고 이제와 돌아보니 나도 어머니의 사랑법을 그대로 따르고 있지 아니한가.

지나온 일을 생각하면 인생은 참으로 묘하다는 생각이 든다, 동짓달 추운 계절이 되면 가끔 생각나는 힘들고 서글펐던 일도 지금은 아름답게 기억되니, 나도 이제 나이 듦을 인정할 때가 된 것 같다.

다시 부르는 노래
관심
그 노래를 들으면 한 아이가 생각난다
그해 겨울
꽃고무신
약속
오월의 삽화揷花
볼수록 멋져요
한 사람 곁에

2부

다시 부르는 노래

다시 부르는 노래

몇 해 전 동문들과 테마 여행을 떠났다. 이천 도자기 마을에 들러서 접시나 컵을 빚기도 하고, 애벌구이 도자기에 그림이나 글씨를 쓰는 작업을 했다. 나는 백자 필통에 '삶…'이라고 썼다.

결혼 이후 시간이 지나갈수록 내 환경에 불만이 있었지만 티를 내지는 않았다. 남들에게는 불만 없이 잘살고 있는 것처럼 보였겠지만, 언제부터인지 무언가 무겁게 나를 누르는 것이 있었다. 그렇게 즐겨 부르던 콧노래가 사라진 것도 그 무렵이었다.

주인에게 도자기 필통 바닥에 구멍을 뚫어 달라고 부탁했다. 나는 그것을 주방에 놓고 수저꽂이로 쓰면서 왜 사는지 생각해 보려고 했다.

배달된 백자 필통에는 '삶…'이라는 청색 글자가 선명하게 쓰여 있었다. 주방에서 보내는 시간이 많아 하루에도 몇 번씩 그것을 보면서 생각했다. 삶이란 무엇일까? 누구를 위해 사는가? 무엇을 위해 사는가? 글자 속에는 내 가슴을 짓누르는 무거운 덩어리가 고스란히 담겨 있는 듯했다.

집안에 행사가 있던 날, 옆에서 일을 돕던 동서가 내가 한숨을 많이 쉰다면서 어디 불편한 곳이 있느냐고 물었다. 생각해 보니까 가슴이 많이 답답하다는 것을 느낄 수가 있었다. 가슴이 답답하면 무의식 중에 한숨을 쉬고 있었나 보다. 어쨌든 숨을 토해내면 답답한 가슴이 조금은 뚫리는 듯했다.

삶이 고행일까, 행복일까, 왜 사는가?

사춘기 때 친구들은 먹기 위해 사는가, 살기 위해 먹는가라는 말을 장난처럼 반복하고는 했다. 그때 나는 깊이 생각하지도 않고 살기 위해 먹는다고 대답을 했지만, 나 자신에게 그러면 왜 사는가라는 질문을 해 보았다. 태어났으니까, 공부하려고, 놀려고… 등등 유치한 말로 자문자답하기를 끊임없이 하다가 정답을 찾지 못하고 흐지부지해지고 말았다. 정답은 어디에도 없다는 것을 그때는 몰랐다. 더러는 행복하기 위해 산다는 사람이 있기는 하다. 사는 것이 고달프다는 생각을 하지는 않았다. 클 때도 내 환경에 만족하지는 않았지만, 앞날이 창창한 그 시절에는 펼쳐질 미래를 상상하기에 바빴던 것이다.

몇 해 전, 유럽을 여행하던 중에 이탈리아에서 카타콤베에 갔었다. 그곳은 기독교인들이 로마 정부의 박해를 피해 땅속에 굴을 파고 들어가서 살았던 곳이었다. 개미굴처럼 한없이 길고 깊은 길이 얼마나 여러 갈래로 이어졌는지 미로 같았다. 아니 미로였다. 길을 잃으면 영영 출구를 찾을 수 없다고 했다. 실제로 어떤 일본인 기자 한 명이 이 카타콤베에 들어갔다가 행방불명이 되고 나서는 진입을 통제하는 곳이 많아졌다고 했다. 이 동굴 내부에는 무덤까지 남아 있을 정도로 긴 세월 동안 그 땅굴 속에 숨어서 살아야 했다. 신앙이란 목숨까지 내걸고 지켜야 할 만큼 소중한 것이냐고 묻고 싶었다. 또 그렇게 숨어서까지 비참하게 꼭 살아야 할 이유가 무엇이냐고도 묻고 싶었다. 그러나 그것은 내 생각일 뿐, 그들에게 누가 감히 그런 질문을 할 수 있겠는가. 그곳을 보면서 살아있다는 것이 얼마나 소중한가를 확인하는 기회가 되었다.

도자기 마을에 갔던 해에 어머님이 병상에 계셨다. 그때 나는 사람이 늙고, 병들고, 죽음에 가까워지는 과정을 가까이에서 지켜보며 자꾸만 가슴이 답답해졌다. 무척이나 성실하고 열심히 살았던 어머님도 노년의 병마는 고통스럽고 괴로워했다. 지켜보기에도 안타깝고 힘들었다. 무엇으로도 막을 수 없는. 누구도 대신해 줄 수 없고 또 피할 수도 없는. 그 무렵 삶이 도대체 무엇이기에 이렇게 힘들게 견뎌야 하며 왜 사는지, 나는 또 어떻게 살아야 하는가, 생각하며 자꾸만 가슴이 답답하여 한숨이 나왔던 것 같다.

오래전에 이런 글을 읽었다. 어떤 책인지 누가 쓴 글인지 잘 기억은 나지 않지만 글 내용은 지금도 생각난다.

한 남자가 있었다. 그는 인생이 허무하고 사는 의미를 찾지 못해서 죽고 싶다는 말을 자주했다. 죽기로 작정하고 마지막으로 찾아간 친구에게서, 집에 돌아가서 딸애의 엉덩이를 한번 쓰다듬어주고 다시 생각해 보라는 말을 들었다. 그 남자는 친구의 말대로 죽기 전에 마지막이라는 생각으로 잠자는 아기의 엉덩이를 쓰다듬었다. 보들보들한 엉덩이를 쓰다듬으면서 주체할 수 없이 눈물이 펑펑 쏟아지더라고 한다. 딸아이를 가슴에 안는 순간 그는 생명의 존귀함에 대해 다시 생각하게 되었다. 살아야 할 이유를 찾은 것이다. 지금은 아이 엄마가 된 내 딸아이가 아기였을 때였다. 젖을 먹고 곤히 잠든 아기 옆에 누워서 쌔근쌔근 잠자는 내 딸아이의 엉덩이와 볼을 쓰다듬곤 했다. 그 통통하면서도 보드라운 살결의 촉감을 지금도 잊을 수 없다. 사는 이유는 어디에서든지 찾을 수 있다.

주방에 놓고 수저꽂이로 쓰던 도자기를 컴퓨터 책상에 놓고 필통으로 쓴다. 지금은 주방에서 보내는 시간보다 책상에서 오랜 시간을 보낼 수 있다. 필통을 바라본다. 그리고 생각한다. 삶…, 요즘 나는 나에게 왜 사냐고 묻지 않는다. 어떻게 사느냐가 중요하기 때문이다. 이만큼 살아온 것에 감사한다. 병들고, 아프고 죽는 것은 누구나 겪는 것, 그냥 받아들이고 사는 것이다. 살다 보면 왜 사는지도 알게 될 때가 있겠지.

이제는 사라졌던 콧노래를 다시 부른다. 살아 있음이 참 소중하고 아름답다.

관심

나이 오십 중반쯤 되었을 때, 어깨 통증으로 힘들어하는 내게 사람들은 오십견이라고 했다. 어깨관절 주위에 나타나는 증상으로 퇴행성 변화에 의해, 특히 오십대에 잘 생긴다 하여 오십견이라고 한단다. 먼저 경험한 사람들의 말에 의하면, 나이와는 상관없이 발병하기도 하지만, 일 년쯤 지나면 저절로 낫는다고도 했다.

어깨의 통증은 설명하기가 어려웠다. 때로는 전혀 느끼지 못할 때도 있었고, 심할 때는 대가족 치다꺼리에 힘들었던 날들을 돌아보며 숨죽여 울기도 했다. 더군다나 어머님 병환이 점점 악화되어 내 어깨가 아프다고 병원에 갈 처지는 아니었다. 어느 날 안방에서 공부하던 딸이 "엄마, 엄마." 하며 흔들어 깨웠다. 깜빡 잠들었는데 통증이 너무 심해 잠결에 울었던 것 같다. 놀란 딸이 식구들에게 자초지종을 설명하자 그제야 내가 많이 아프다는 것을 남편도 알게 되었다.

　남편은 내가 몸살이 나서 자리에서 일어나지 못해도, 무심한 사람이다. 평상시에는 자상한 사람이라고 생각했지만 내가 아플 때는 그렇지 못했다. 때로는 아픈 아내를 보고 나갔으면 퇴근할 때는 양복주머니에 쌍화탕 한 병쯤은 넣고 와서 누워있는 머리맡에 슬며시 놓아 주기를 바라기도 했다. 그것은 나만의 바람일 뿐 퇴근하는 그의 손은 빈손. 어느 때는 혹시나 하고 벗어놓은 양복 주머니를 흔들어 보기도 했다. 몸이 아프면 마음은 몇 갑절 더 아픈 것. 은근히 바라던 마음에 찬바람이 쏴 밀려오고 눈물이 고였다. 항상 건강하던 사람이 어쩌다 감기 몸살로 집안일에 차질을 주는 것을 어머님께 몹시 죄송해 하는 것만 같았다. 얼른 병원에 가보라는 말만 던져놓고 나가기 일쑤였다. 그런 사람이니 오십견으로 인해 내가 고통스러워한들 귀찮아하기만 할 것 같아서 내색하기도 싫었다. 설령 눈치를 채고 있었다 해도 알은척 하지 못했을 사람이었다.

　그 후 딸로부터 엄마에게 너무 무관심하다는 말을 들어서였을까 남편은 내 병에 대해서 관심을 갖기 시작했다. 지하철에서 샀다면서 관절에 좋다는 파스를 붙여주는가 하면, 한번도 하지 않던 어깨 마사지를 해주기도 하고, 신문을 읽다가 오십견에 관한 자료를 찾아서 스크랩을 해 놓고, 운동요법과 민간요법을 메모를 해서 내가 볼 수 있도록 화장대에 펼쳐 두고 출근하기도 했다. 보라고 말하지도 않고 내 눈길이 닿는 곳에 펼쳐놓고 나가는 무심한 사람이다. 제약회사도 알 수 없는 파스를 내놓았을 때 한심하다는 생각을 했지만 생각을 바꾸었다. 통증이 심한 부위에 더덕더덕 붙였다. 그러자 시원하고 순간적으로 통증이 가라앉는 것을 느낄 수 있었다. 효과가 좋다고 조금은 과장된 표현을 하면서, 다음날도 남편에게 어깨를 내밀기도 하고, 떨어지면 또 사오라는 부탁도 했다.

어느 날은 마늘의 효능에 대해서 극찬했다. 직원 중에 통증이 있는 부위에 마늘을 갈아서 붙이면 신기하게 통증이 사라진다는 말을 했다는 것이다. 그러니까 사람들에게 내 병을 얘기하고 얻은 민간요법이다. 언젠가 라디오에서 정력에 좋다고 마늘을 찧어서 발바닥에 붙였다가 심한 화상을 입어서 목발 짚고 출근했다는 사람의 사연을 듣고 웃음을 참지 못했던 적이 있어서 망설였다. 그러나 남편이 몇 번씩 권하기에 반신반의하면서, 모처럼 아픈 나에게 보이는 관심을 무시할 수 없기에, 냉장고 안에 있는 깐 마늘을 갈아서 비닐봉지에 담았다. 통증이 심한 부위에 대어 보았다. 조금 지나니까 뜨끈뜨끈한 것이 찜질하는 것 같았다. 통증이 가라앉는 것 같아 밤에도 붙인 채로 잠을 잤다. 쑤시던 어깨의 통증을 느끼지 못했는지 모처럼 푹 자고 일어난 아침에 느낌이 이상해서 거울에 비추어 보았다. 악! 외마디비명이 나왔다. 불긋불긋한 어깨와 팔뚝의 화상은 이미 물집이 잡혀 부풀기 시작했다. 남편의 말을 따르다가 또 다른 병 하나를 더 얻는 것이 아닌가 걱정이 되었다. 그런데 남편을 탓할 마음은 조금도 생기지 않았다.

손바닥만큼 부풀어난 물집은 옷에 스쳐서 터지고 말았지만, 어깨통증은 차츰 가라앉는 것 같았다. 남편은 마늘을 더 붙이라고 권했지만, 마늘보다도 남편의 관심 때문에 통증이 줄었는지 모른다. 플라시보 효과일까. 모든 병은 마음으로부터 오기도 하고, 치유되기도 한다고 하지 않는가? 마늘로 인한 어깨의 상처는 오랫동안 남을 것 같지만 그것은 문제가 되지 않는다. 상처를 보면 실실 웃음이 나오고, 가슴이 충만하여 행복감도 느꼈다. 내가 이제 비키니를 입을 것도 아니고, 설령 사람들의 눈에 띄더라도 자랑할 만하지 않은가. 이것은 오십견으로 인한 상처지만, 남편의 특별한 처방덕분에 생긴 관심의 증표라고 말 할 수 있을 테니까.

얼마 동안 견딜만 하던 어깨가 다시 아프기 시작했다. 결국엔 병원을 찾게 되었지만, 남편이 내 건강에 관심을 갖게 되었다. 민간요법으로 완치는 되지 않았어도, 남편의 관심이라는 치료제에는 손톱만큼이라도 사랑이 담겨 있지 않았을까.

그 노래를 들으면 한 아이가 생각난다

우연히 어떤 노래를 듣게 되면, 노래와 연관된 오래전 일이, 아련하게 또는 선명하게 떠오를 때가 있다.

동해안에 인접한 산동네에서 자라던 유년 시절이었다. 여름밤 대관령이 멀리 보이는 언덕에 명석을 펴고 앉으면, 불어오는 바람에 더위는 바다가 감쪽같이 삼켜버렸다. 바다 쪽으로 고개를 돌리면 동해의 수평선, 오징어잡이 배에서 밝히는 불빛은 어떤 도시의 야경보다 더 화려하게 밤바다를 장식했다. 혹시 손님이라도 오면 일본이냐고 물어볼 정도로 오징어잡이 배의 불빛은 밤바다의 야경으로 장관을 이루었다.

가끔 들러서 고물을 모아가는 엿장수 아저씨가 있었다. 어느 날 며칠간만 부탁한다며 작은 여자애를 아랫집 새댁에게 맡겼다. 연분홍 치마저고리를 입고 호리호리하게 생긴 새댁은 살구꽃 같았다. 아이를 무척 예뻐했지만, 아이는 나만 졸졸 따라다녔다. 아이의 키는 나보다 작고 나이도 어렸다. 저녁을 먹고 언덕에 모여서 엿장수 아버지를 따라서 전국을 돌아다니며 경험한 아이의 이야기를 들었다. 밤이슬 내리는 것도 아랑곳하지 않았다. 그 여자애는 나보다 어렸지만 세상물정에 훤했다. 어른들이 그만 잠자라는 말에도 이야기에 빠져 일어날 줄 몰랐다.

그 아이 아버지는 술을 좋아해서, 엄마가 도망을 갔다는 말을 술술 잘도 했다. 그 후 아버지는 리어카에 엿목판을 싣고 엄마 찾아서 전국방방곡곡을 돌아다닌다고 했다. 아이는 이야기를 흥미진진하게 들려주었고, 곧 들통이 날 거짓말도 곧잘 했다. 어른들이 즐겨 부르는 노래, 대중가요를 어찌나 잘 부르는지, 나도 따라 흥얼거리곤 했다. 떠나간 도련님을 기다리는 카츄샤의 슬픈 사연의 노래를 구성지게 부르면, 어른들은 "쯧쯧, 쬐끄만 아이가 청승맞게도 부른다."며 혀를 끌끌 찼다.

노래를 배운 곳이 술집이었고, 아이의 아버지가 술 마시러 드나드는 단골 술집 여자들에게 한 달씩 아이를 맡겨 놓기도 했다는 이야기를 했다. 술집 여자들이 자기네 신세를 생각하면서 불렀던 노래를 아이는 어른처럼 구성지게 불렀던 것이다.

하늘엔 달과 별과 은하수, 바다엔 오징어잡이 배의 불빛이 하모니를 이루며 반짝인다. 대관령엔 간간이 내려오는 자동차 불빛이 한 굽이 돌 때마다 반짝하고 빛나다 사라지곤 했다. 노래를 부를 때나, 이야기할 때 아이의 눈빛도 반짝반짝 빛이 났다.

내가 학교에 가려고 집을 나서면 언제 나타났는지,

"언니, 언제 집에 와?"

하며 묻고 또 물으며 따라오던 아이는 일주일쯤 지나서 학교에 갔다 오니까 가고 없었다. 아버지가 데리고 갔다고 했다. 몸은 자그마하고 얼굴도 예쁘게 생기고 아주 똘망똘망했던 아이였다. 순진하기만 했던 나는 마음이 성장할 시기였는지, 그 아이의 이야기는 흥미롭기도 했지만, 내 마음이 풍선처럼 부풀기도 했다. 내가 사는 시골과 또 다른 세상이 있다는 것에도 관심을 갖게 되었다. 그 사이에 정이 들었는지 그 애가 보고 싶어서 한동안 생각이 났다.

내가 자라서 책가방에 소설책 《부활》을 넣고 다니면서 읽었을 때도, 그 아이를 생각했다. 소설 속 주인공 카츄샤의 일생을 노래로 만들어서 불렀다는 것을 알았다. 〈카츄샤의 노래〉는 일찍이 러시아인들이 부른 민요가 있지만, 영화 원작 《부활》이 흥행하자 우리나라 영화감독이 〈카츄샤〉라는 영화를 만들었다. 아이가 불렀던 〈카츄샤의 노래〉는 1960년도에 만든 한국영화 〈카츄샤〉의 주제음악이었다. 근래에도 유명가수들이 리메이크해서 부르는 것을 들으며 그 아이를 떠올리고는 한다.

그 후, 엿장수 아저씨가 혼자 왔다. 아이는 어떤 부잣집에 맡겼다고 했다. 학교에 갈 나이가 되었는데 떠돌이 아버지가 데리고 있으면 학교에 보낼 수 없기 때문이라고 했다. 예쁘고 어린 딸을 남의 집에 맡긴다는 말을 이해할 수 없는 나이였기에, 그 아이가 가엾다는 생각을 했던 기억이 난다. 지금 생각해 보면 아버지 따라 다니면 닳고 닳아서 애 어른같이 되기 쉽다. 초등학교에 입학시켜서 또래 아이들과 어울려 공부할 수 있게 해 주는 것이 그 아이를 위해 더 낫다는 것을 한참 지나서 알 게 되었다. 그 후에 엿장수 아저씨도 뜸하게 오더니 언제부터인가 보이지 않았다.

 세월은 모든 것을 변화시킨다. 얼마 전 고향에 갔을 때, 지난 이야기를 좀 나누고 싶었는데, 아이를 맡아주었던 살구꽃 같았던 새댁은 세상을 떠났다고 한다. 제비꽃 같던 나도 어느새 할미꽃이 되어가고 있다.

그해 겨울

딸이 SNS로 보내준 사진 속에는, 20개월 된 외손녀가 물을 담지 않은 욕조에 담요를 깔고 앉아서 좋아하는 인형들과 노는 모습이 담겨 있었다. 무슨 일이지? 뒤이어 토네이도가 온다고 해서 피신한 것이라는 문자가 왔다.

그곳은 미국 중부 오클라호마주 털사(tulsa), 사위가 그곳 지사에 발령을 받아서 가족이 함께 떠났다. 끝이 보이지 않는 넓은 평원, 토네이도가 온다는 경고가 내려지면 욕조로 피신한다고 했다. 그 무렵 미국 서부의 한 마을에 토네이도가 휩쓸고 지나간 뒤, 허물어진 잔해 속에서 가재도구를 찾아내는 사람들 모습을 TV에서 볼 수 있었다. 딸이 사는 곳은 토네이도가 비켜갔다는 소식을 들으며 안심했다.

그해 가을 딸이 다니러 왔다. 돌아갈 때는 딸이 사는 모습도 볼 겸 우리 내외도 함께 출국했다. 기내에서 내가 본 영화는 〈분노의 포도(The Grapes of Wrath)〉라는 미국 영화였다. 원작은 퓰리처상을 수상한 '존 스타인벡'의 소설이었다. 주무대는 오클라호마, 내가 가고 있는 땅이었다. 그 땅에 오랜 가뭄이 들어 흙먼지와 모래바람으로 농토가 황폐화되었다. 사람들은 농사를 망치고 은행 빚에 시달리게 되자 고향인 오클라호마에서 쫓겨나다시피 떠나게 된다. 살던 집은 트랙터가 밀어버리고 집을 잃은 사람들은 고향을 등지고 새 땅을 찾아 떠났다. 풍요로운 캘리포니아의 농장에서 일자리와 넉넉한 임금을 준다는 전단지 한 장을 들고, 온 가족이 낡은 트럭을 타고 뿌연 모래바람을 뚫고 떠나지만, 길 위에서 가족의 죽음도 맞이하고, 헤어지는 아픔도 겪으면서 가는 길은 눈물겨운 여정이었다. 기분이 묘했다. 딸이 사는 곳이 그런 지역이라는 것이 새삼 불안해졌다.

도착한 11월의 오클라호마는 온화한 기후의 부드러운 바람, 맑은 공기, 하늘은 맑고, 초원에는 소떼들이 한가롭게 풀을 뜯고, 지평선의 석양은 아름답기만 했다. 주택단지마다 어린이 놀이터와 맑은 호수가 있고, 놀이터엔 신나게 놀고 있는 아이들, 호수엔 한두 명의 주민들이 낚시를 즐기고 있다. 어디를 가든지 잘 다듬은 잔디, 산은 없지만 원시림처럼 우거진 숲과, 공원마다 아름답게 자라는 나무들, 모래바람은 오래전 이야기인 것 같다.

딸이 운전하는 차를 타고 30분 정도만 나가면 시내가 나온다. 번화

가라는데 낯설었다. 서울에서 높은 건물과 다닥다닥 붙어있는 상가 풍경에 익숙해 있던 나는, 건너편 상가까지 가려 해도 걷지 않고 차로 이동하는 모습이 생소했다. 땅이 넓으니 건물도 넓게 자리 잡고 있다. 고층건물이나 지하주차장은 구경하기 힘들다. 딸이나 사위의 차를 타고 시내에 쇼핑하러 가거나 외식하러 나가는 일이 아니면, 우리 내외는 집에서 벗어날 수가 없었다. 단지 내에는 한국처럼 구멍가게 같은 건 없다. 택시는 물론 대중교통도 없다. 학생들 등하교 시간이면 스쿨버스가 두 차례 마을을 돌고, 수요일마다 쓰레기 수거 차량이 아침 일찍 다녀가고, 하루 한 번 우체국 차량이 정해진 시간에 다녀갔다. 보내는 편지도 우편함에 넣어두고 깃대를 올려놓으면 배달부가 가져간다. 길에는 다니는 사람도 없다. 차고에서 차를 타고 나갔다가 차고로 들어가면 그만이다.

하루하루가 평화롭고 근심 걱정거리가 없긴 했지만 무료한 날들이었다. 딸이 아무 일도 하지 못하게 하니까 할 일도 없다. 컵을 하나 닦아도 식기세척기가 있는데 왜 하냐고 툴툴거리니까 일을 하면서도 눈치가 보였다. 어느 날은 마음먹고 딸에게 따지고 들었다. 엄마는 자랄 때, 친척 집에 가서도 자기 먹은 밥그릇은 자기가 닦아야 한다는 교육을 받고 자라서, 할 일을 보고 하지 않으면 불안하다고 했다. 하지만 그것은 옛날 일이고 지금은 식기세척기가 엄마보다 더 깨끗하게 닦아주고, 싱크대도 엄마 키에 맞지 않고 높은데 까치발을 딛고 힘들게 설거지할 필요가 없다고 타박이었다. 우리 집에 몇 달 있을 때는, 아기 빨래가 많아서 남편과 나는 널어주고 개켜주는 일을 하면서 딸의 육아에 도움을 주기도 했지만, 빨래도 건조기에서 다 말려 나오니까 할 일이 없다. 주변에 한국 사람이 없으니까 오고 갈 이웃도 없다. 주말이면 사위가 그릴에서 고기를 굽고, 한국에서 같이 간 직원 가족을 불러서 맥주 한잔하는 것이 낙이었다. 한국에서 같이 간 직원 가족도 달랑 한 집뿐, 차로 한 시간 거리에 살고 있다. 그런 날이면 나는 상추를 씻고 잡채를 하고, 김밥을 싸고, 40년 살림 도사의 솜씨를 자랑하는 날이었다.

어느 날, 뒤뜰을 걷다가 초승달과 눈이 마주쳤다. 약간의 흥분이 일었다. 새댁 시절에 초승달을 서서 보는 날이면, 제발이지 좀 앉아서 봤으면 하고 소원했던 적이 있었다. 어린 시절에 어머니가 "초승달을 서서 보면 한 달 내내 바쁘단다."라는 말씀을 하셨다. 그리고 이어서 "몸이 바쁘면 입도 바쁜 거야." 일이 많으면 먹을 것도 많다는 말씀, 그것은 어머니가 체득한 삶의 철학이었다. 그 말이 생각이 나서 웃었다. 어머니의 철학을 시대가 지우고 있다. 항간에 떠도는 유머 중에는 딸만 있는 엄마는 딸 집 싱크대 앞에서 쓰러져 죽는다는 말도 있던데 그것도 옛이야기인가 보다.

하루하루가 평화롭다 못해 심심한 날들이었다. 사위가 우리 방에 티브이를 들여놓고 한국방송을 볼 수 있게 했지만, 그 무렵 탄핵과 시위로 몸살을 앓는 한국이 보기 싫었다. 친구가 미국 딸 집에 간 내가 부럽다는 말을 문자로 보내왔다. 나는 미국이라는 나라는 '장님이 코끼리 다리 만지는 격'이라고 했다. 주택들이 울타리도 없고 대문이 없는 집도 많다.

더러 목재로 된 울타리가 있으나 경계선은 표시가 되지만 도난방지 용이 아니다. 여러 날 집을 비울 때는 염려가 되기도 했으나, 지금까지 아무 일 없이 잘 지내고 있다. 이처럼 평화로우나 집집에 총을 소지하고 있기도 하다니 알다가도 모를 일이다. 그러니 내가 본 미국은 코끼리 다리보다도 더 작은 발톱 정도 만져 보았다고나 할까. 서너 달 있는 동안 두 주일 정도 장거리 여행을 하고 나머지 시간은 책을 읽었다. 내가 싱크대 앞을 물러나서 책을 읽자 딸은 신이 나는지, 책장에서 읽을 만한 책이라면서 잔뜩 찾아놓았다. 일만 하고 살아온 엄마에게 휴식할 시간을 주고 싶었던 딸이 바라던 바였다.

  정원에 놓인 의자에 무릎담요를 덮고 앉으면 귀밑머리를 날려줄 정도의 바람이 살랑살랑 불어오고, 12월인데도 햇살이 자글자글 등을 덥혀주었다. 그림이나 영화에서 보면, 무릎담요를 하고 벽난로 앞에 앉아서 뜨개질을 하거나 책을 읽고 있는 여인들을 보면 참 평화롭고 아름답게 보였는데 지금 내가 그렇게 하고 있으니 이게 평화로구나 싶기도 했다. 하지만 그 평화는 내 몸에 맞지 않는 옷을 걸친 것처럼 익숙하지 않았다. 아무리 독서하기 좋아해도 하는 일 없이 책만 읽는 것은 지루해지기도 했다. 익숙하지 않은 평화, 할 일 없는 노인 같아서 집이 그리웠다.

  두 달 반 만에 귀국했다. 내 발로 걸어서 갈 곳도 많고, 내 손으로 할 일도 많은 내 나라 내 집이 이렇게 좋을 수가. 만원인 지하철에 올라타고 경로석을 찾아서 앉을망정 내 발로 돌아다닐 수 있음이 이렇게 신나는 일일 줄이야. 친구들을 만나고, 문학 강좌를 듣고, 역사 탐방을 가고, 할 일이 있다는 것이 이렇게 즐거울 수가….

그러나 시간이 지나면서 그 평화가 야금야금 그리워진다.

꽃고무신

신발은 두 짝이 있어야 한다. 한 짝은 외롭다. 부부도 함께 있어야 아름답다. 헌신짝 버리듯 헤어지는 부모들의 결정으로 선택권이 없는 아이들은 많이 아프다.

1.

 아이가 울고 있었다. 사흘 전 장날 엄마가 사다 주신 리본 달린 꽃고무신이 없어졌기 때문이다. 아이들이 다 돌아간 복도에서 울고 있는 아이에게 다가온 선생님은 딱했는지 학년마다 교실 앞 복도에 놓여있는 신발장을 같이 돌며 찾아보았다. 꽃고무신은 보이지 않고 닳고 닳아 찢어진 검정 고무신 한 켤레가 남아 있었다.

  새 고무신을 신으면 뒤꿈치를 깨물어서 살갗이 부풀고 벗겨져서 피가 났다. 그래도 참고 신었다. 밴드나 반창고도 귀하던 시절이었다. 뒤꿈치에 헝겊쪼가리나 종이를 접어서 대고 절뚝거리면서 걷거나, 신발 뒤를 꺾어 신고 며칠 다니다 보면 딱지가 앉았다. 새 신과 뒤꿈치의 적응 과정을 한바탕 치르고 나면 그제야 발이 편해졌다. 그런데 상처가 아물기도 전에 신발이 없어졌다. 누군가 바닥에 구멍이 뚫리고 발가락이 쑥 나오는 검정 고무신을 벗어두고 새 신을 신고 간 것이다. 꽃신을 사 오던 날 얼마나 좋아했는데…. 그 신이 없어지다니. 그날 엄마에게 꾸중 들을 생각에 지레 겁먹고 엉엉 울며 집에 들어갔다. 찢어지고 구멍난 검정 고무신을 본 엄마는 어이가 없어서인지 말을 못 했다. 전에도 한 번 잃어버린 경험으로 찾을 길이 없다는 것을 알았는지 다음 장날 다시 신을 사 오셨다. 그리고 불에 달군 부젓가락으로 신발 바닥에 표시를 해주었다.

  장에 갈 때 엄마는 손 뼘으로 신발 바닥 길이를 몇 번씩 재어보곤 했지만 오래오래 신으라고 언제나 한 치수 큰 신을 사 왔다. 하굣길에 친구들과 산길을 지날 때 짓궂은 사내애들이 뒤에서 돌멩이를 던지면서 쫓아오면, 우리 여자아이들은 도망가다 신발이 벗겨지기 일쑤였다. 왜 도망가는지도 모르고 뛰어가다가 신발을 찾으려고 돌아다보면, 녀석은 고무신을 힘껏 던져주며 뭐라고 한마디하고는 돌아갔다. 수십 년 지나 동창회를 하던 날, 그 시절 이야기를 하며 신발 버리고 도망가던 가시나가 누구냐고, 늙어가는 사내가 말했는데 모른 척했다. 여자 가슴속에는 부끄럼 타는 소녀가 아직도 남아 있었던가 보다.

2.

한 여자가 웃고 있다. '텐 블라썸'. 함께 여행하려고 모인 꽃중년들이다. 호칭은 나이순으로 1번부터 10번까지 정해서 편하게 부르기로 했다. 여자는 2번이었다. 재작년 여름 평창에 놀러갔을 때였다. 3번이 신발 한 켤레를 내어놓으면서 발에 잘 맞고 모양이 예쁜 사람에게 선물하겠노라 했다. 여러 개의 꽃송이를 수놓은 검정 고무신, 그것은 작은 꽃밭이었다. 여자는 기대하지도 않았다. 키는 작지만 발은 도톰해서 신발은 한 치수 크게 신었다. 꽃중년들은 신데렐라를 외치며 화사한 꽃송이를 수놓은 검정 고무신에 발을 넣어보았다. 내심 선택받기를 바라면서…. 심사는 신발 주인 3번이 했다. 모델인 양 꽃신을 신고 갖은 포즈로 한 바퀴씩 돌며 꽃고무신 패션쇼를 했다. 누구는 발이 크거나 작아서, 혹 길이는 얼추 맞아도 발볼이 넓거나 좁았다. 여자는 아예 기대도 하지 않았기에 맨 나중에 설마 하면서 발을 넣어보았다. 그런데 맞춘 듯이 꼭 맞았다. 여자는 그날의 신데렐라였다. 신발이 잘 맞기도 했지만 발이 통통하여 신은 모양이 가장 예쁘다는 심사평이 있었다. 다들 인정했다. 그래서 검정 고무신에 동글동글한 꽃들이 피어있는 꽃신의 주인은 여자가 되었다.

꽃신을 신고 시장에 갔다. 사람들 눈길이 머물다 지나간다. 그런데 뒤꿈치가 아팠다. 고무신은 여전하다. 발이 새 고무신에 적응하려면 얼마간의 아픔을 견디어야 한다. 그렇게 상처를 보듬고 지내다보면 새 신은 발과 하나되어 맘대로 쏘다녀도 아프지 않게 된다. 어릴 적 기억이 떠올라 여자는 깨물린 뒤꿈치에 밴드를 붙이고 마당에 나갈 때만 잠깐씩 신었다. 며칠 후에는 시장에 다녀와도 아무렇지 않고 편했다.

3.

아프다. 오랜만에 고무신에 뒤꿈치를 깨물리고 나서, 여자는 아들 친구가 생각났다. 까까머리 학생 때 집에 자주 놀러 오던 아들 친구는 얼마 전 이혼을 했다. 아들과 각별한 사이였던지라 가끔 물어보면, 아들 낳고 딸 낳고 지지고 볶으면서도 잘살고 있다기에 그러려니 했다. 그런데 얼마 전 아이 둘은 부모님에게 맡기고 각자 제 길을 찾아 떠났다고 한다. 엄마 아빠 없이 지낼 어린아이들을 생각하니 마음이 짠했다.

부부는 서로 깨물기도 하고 할퀴어 상처가 나기도 한다. 처음엔 발에 잘 맞는 신발처럼 마음에 쏙 들어서 서로 선택했는데, 신다 보면 발에 상처가 생기듯이 살다 보면 부부도 서로에게 상처를 줄 수도 있다. 신 잘못이다, 발 잘못이다, 하고 따지기보다는 아프면 발에 약도 바르고 신도 쉬게 두었다가 다시 신으면 신과 발은 하나인 듯 잘 맞아서 몸의 일부인 양 편해진다. 부부의 경우도 서로에게 상처를 주거나 다쳤을 때,

처음 만났을 때의 마음으로 돌아가 기다림의 시간을 갖게 되면 다시 마음의 평화를 찾게 될 수도 있으련만….

꽃신을 현관에 가지런히 놓아두었다. '텐 블라썸' 친구의 깜짝쇼는 여자를 웃게 했지만, 부모의 헤어짐으로 아픈 아이들을 생각하면 마음이 아프다.

약속

친구 아들 결혼식에 갔다. 주례는 신랑 아버지가 직접 했다. 호기심이 생겨 주례사에 귀를 기울였다. 아버지처럼 술을 많이 마시지 말라는 절절한 부탁과, 잘 먹고 잘살라는 덕담으로 간단히 끝냈다. 애주가인 신랑아버지의 술버릇을 알고 있는 사람들이 웃음과 박수를 보냈다. 요즘은 주례가 없는 결혼식을 선호하는 추세라고 한다. 양가 부모가 하객들에게 감사 인사를 하는 것으로 대신하기도 하는 모양이다. 돌아오면서 나에게는 주례사가 어떤 의미였을까 생각해 보았다.

결혼을 앞둔 어느 날, 작은시할머니께서 오신다기에 인사드리러 갔다. 할머니는 대뜸 "아직 주례할 사람을 정하지 않았지? 안병욱 교수에게 주례를 부탁하면 어떨까?" 하셨다. 그 말을 듣는 순간 나는 가슴이 뛰었다.

　철학자이자 수필가인 안병욱 선생은 평안남도 용강에서 태어났다. 젊은 시절 동대문구 전농동에서 함경도가 고향인 할머니가 운영하던 하숙집 하숙생이었다고 한다. 한국전쟁 당시 인민군이 선생을 찾으려고 혈안이 되어 있던 때, 할머니의 도움으로 다락방에 숨어서 용케 위기를 넘길 수 있었다고 한다. 그 후 두 분의 관계는 계속 이어지고 호칭도 어머니로, 집에 초대하여 식사 대접하며 각별하게 지내던 사이였다. 후일 할머니가 돌아가셨을 때 사흘 내내 문상을 오시기도 했다.

　숭실대 철학과 교수였던 선생은 에세이집을 여러 권 썼다. 사회의 초년생이었던 나는 업무에 적응하느라 힘들었던 시기에 틈나는 대로 수필집을 읽었다. 그때 안병욱 선생의 수상 수필집 ≪아름다운 창조≫를 재미있게 읽었던 기억이 난다. 당신의 어머니를 추억하는 글은 아름답고도 눈물이 났다. 그의 저서는 철학 에세이라서 내용이 어렵지 않을까 생각했지만, 인생을 올곧게 사는 지혜와, 세상을 바로 바라보는 안목을 갖도록 하는 지침서가 되기도 했다. 만약 선생이 우리 결혼식 주례를 맡아주신다면 정말 좋을 것 같았다.

　당시 50대 중반이었던 선생은 주례사에서 결혼은 약속이라는 말을 강조하셨다. 긴장하고 서 있던 내가 주례사를 생생하게 기억하는 것은, 서로를 존중하고 사랑하며 살아야 하는 두 사람의 약속이라는 말을 반복해 들려주어서 기억에 남은 것 같다. 때로는 사는 것이 힘들어 한숨이 나오고, 심통이 나고, 문고리를 잡았다 놓았다 할 때가 있었다. 그럴 때면 결혼은 두 사람의 약속이라고 하신 선생의 주례사를 기억의 저장고에서 조심스럽게 꺼내어 되새기고는 했다. 그리고 나 자신과 약속했다. 결혼은 두 사람의 아름다운 약속이다. 자식을 낳고 키우고 사회인으로 성장하도록 지켜주는 것이 부모로서의 약속이다. 식상한 말이기는 하지만 검은 머리 파뿌리 될 때까지라는 두 사람의 관계를 부부는 조심스럽게 지켜야 한다는 말, 나 자신과 다시 약속을 하곤 했다. 살면서 그날의 약속을 얼마나 되새기면서 살았던가.

신혼여행을 다녀온 후 인사드리려고 댁을 방문했을 때, 선생님은 서재에서 맞아주었다. 책 냄새 가득한 서재였다. 책장에 정리된 책 외에도 많은 책이 바닥에 쌓여 있었다. 선생님 저서를 여러 권 읽었다고 말씀드렸더니 무척 좋아하며, 나에게는 없을 거라면서 수상집 ≪희망의 철학≫에 친필 서명을 해 주셨다. 따끈따끈한 신작이었다. "아름답고 진실한 삶 속에 인생의 의미와 보람이 있습니다."라면서 앞으로 당신 키 높이만큼 책을 쓰려고 한다는 계획을 들려주어서 입을 다물지 못했던 기억이 난다. 내게 주신 책은 스물세 번째의 저서였다. 편안하면서도 설레었던 그날이 어제인 듯 생생하다.

돌아와 선물로 받은 수상집을 밑줄까지 그어가면서 읽었다. 속이 복잡할 때 몸과 마음이 고단할 때 주신 책을 펼쳤다. 한 줄 한 줄 읽다 보면 기분이 차분해지기도 했다. 자주 찾아뵙지는 못했지만, 남편은 해가 바뀔 때마다 연하장으로 인사를 대신했다. 그러면 바쁜 중에도 엽서

에다 좋은 말씀을 적어서 보내주셨다. 특이하고 아름다운 필체였다. 그때 적어주신 한 줄의 말씀을 가훈으로 정하고, 가까이 지내는 서예가 예천 김정화 선생에게 부탁하여 거실에 걸어놓았다. 선생님을 뵙듯 바라보며 수시로 마음에 새기며 지키려고 한다. 세월이 많이 지나도록 인생의 선배이며 스승님으로 잊지 못하고 있다. 우리 아이들 결혼 때에도 주례로 모시고 싶었지만 결혼이 점점 늦어지고, 선생은 기다려주지 않고 세상을 떠났다. 하지만 결혼은 두 사람의 약속이라고 하신 말씀은 내게 그대로 남아있다. 이제는 자식들에게 전해 주려고 한다.

결혼은 두 사람의 약속이다. 약속은 지키면 더 아름답다.

오월의 삽화插花

오월은 가정의 달, 가정이라는 말이 참으로 정겹다. 가정을 생각하면 시골집 아랫목 같은 따뜻함이 느껴진다. 그 가정에 함께 사는 가족이 있을 때 더 그렇다.

가정이라는 말이 어울리지 않는 자취생활을 하던 때가 있었다. 그때는 춥고 외롭다는 생각을 했다. 특별히 아쉬울 것도 없었고 오히려 즐거울 때도 많았다. 구속받지 않고 하고 싶은 것 하면서 살았는데 행복하지 않았다. 봄이 되면 꽃집 앞에서 서성거렸다. 가을엔 낙엽을 밟으며 한없이 걸었다.

결혼하여 가족이 생겼을 때 행복을 알게 되었다. 자식을 키우면서 소중함이 무엇인지 알았다. 자식을 낳고 키우는 것은 예술작품을 완성해

가는 과정이라고 생각했다. 내 작품이 참 예쁘고 뿌듯했다. 작품의 완성도를 위해 부모의 도리에 충실하려고 했다.

5월 8일, 지금은 어버이날이지만 내가 자랄 때는 어머니날이었다. 어머니날은 학교에서 일 년에 한 번 어머니들을 초대해서 학예회를 했다. 농사일과 집안일에서 벗어나 자식들이 다니는 학교에 가는 날이다. 어머니는 깔끔하게 손질한 하얀 치마저고리를 입고 동백기름 발라 윤이 나는 머리에 은비녀를 꽂고, 깨끗이 닦은 하얀 고무신을 신고 이웃 아주머니들이랑 길을 나섰다.

나는 학예회를 할 때마다 무용이나 연극에 뽑혀서 무대에 섰다. 4학년 때는 〈흥부와 놀부전〉 연극을 했는데 놀부 아내 역을 했다. 다홍치마 노랑저고리가 무대 의상이었다. 마침 그해 봄에 시집간 언니의 치마저고리를 입고 무대에 섰다. 다홍치마가 너무 길어서 허리띠를 맸는데도 자꾸만 밟혀서 부끄러웠던 기억이 지금도 잊히지 않는다. 그래도 무대에 서는 것이 자랑스러웠다. 딸이 공연하는 연극이 끝나자 이웃 아주머니들 사이에서 힘껏 박수치는 엄마의 모습이 크게 보였다.

5학년 때는 무용을 하는데 무용복을 입어야 했다. 빙 돌면 360도로 펴지고 어깨는 끈으로 된 원피스였다. 학예회 때 한 번 입고 학교에는 입고 갈 수가 없었다. 어머니는 살이 다 보이는, 입지도 못할 옷이라면서 "다음에는 우리는 무용복 해 입을 돈이 없으니 못한다고 해라." 그러는 것이었다. 다른 애들은 무용에 뽑힌 애들을 부러워하는데 하지 말라는 어머니의 말이 섭섭했다. 고만고만하게 사는 이웃이라서 애들이 하고 다니는 것도 비슷비슷했다. 그때 나는 처음으로 우리는 부자가 아니라는 것을 알았다.

결혼하여 아이들을 키우면서 내가 행복할수록 부모님 생각을 많이 한다. 가족모임이 잦은 오월이 되면 더 그렇다. 동생과 자취를 했을 때는 일찍 가신 부모님을 원망도 했었다. 그 원망이 그리움으로 변했다.

불현듯 어머니가 그리우면 내 수필 〈해바라기〉를 찾아서 읽는다. 여러 번 읽었지만 정이 가는 글이다. 언제부터였는지 모르지만 어느 순간 해바라기에 집착하고 있는 자신을 발견했다. 노란 꽃 해바라기를 바라보면 고향집이 보인다. 그리고 어머니를 생각했다. 고향은 멀고 어머니는 가셨지만 어머니와 연관된 해바라기가 있어서 쓸쓸했던 마음을 달랠 수 있다. 근래엔 주변에서 계절에 상관없이 해바라기를 많이 볼 수 있어서 식상하기도 하련만 그렇지 않다. 늘 반갑고 정겹다. 여섯 살 외손녀가 미술학원에서 그린 해바라기 그림을 들고 들어오면서 할머니 선물이라며 건네준다. 해바라기를 좋아하는 할머니에게 선물할 생각으로 그림을 그리면서 그 작은 가슴이 얼마나 설렜을까. 액자에 넣었다. 화가 친구의 개인전에서 구입한 해바라기 그림 옆에 나란히 걸었다.

일찍 가신 어머니는 나에게 그리움이었고, 그리움이 나를 키우고 구제해 주었다. 그리움의 대상이 있으면 행복해질 수 있기 때문이다. 어머니가 떠나신 때보다 더 많은 나이를 먹었고, 자그마했던 어머니보다 나는 훨씬 더 크지만, 지금도 어머니를 생각하면 나는 아주 작은 아이가 된다. 내 글이지만 〈해바라기〉를 읽으면서, 키 큰 해바라기 아래 서 있던 어머니를 생각하면 지금도 눈물이 난다. 일찍 가신 어머니가 불쌍하여서라고 생각했지만 아마도 어머니 떠나신 후 외로웠던 기억과 내 서러움 때문인 것 같다. 어머니가 그리울 때면 함께 떠오르는 해바라기는 전에도 그랬고 앞으로도 변하지 않을 것이다. 그리고 어머니와 해바라기는 내 문학의 시작이며 끝이 될 것 같다.

그리움은 그리워하는 이들의 가슴을 적셔주는 청량제라고 생각한다. 누구든 가슴에 그리움을 담고 산다면 삶이 삭막하지 않을 것이다.

오월이 좋다. 가족이 모이는 명분이 있기 때문이다. 아가들 선물을 준비하고, 자식들이 안내하는 맛집에 간다. 가슴에 꽃을 달아준 여섯 살 외손녀, 두 손을 들어 어설프게나마 하트를 만들어 보이는 돌잡이 손자가 내 작품이다. 내 작품은 아름답고 사랑스럽다. 인생이나 예술에 완성이란 없다고 말한 예술가가 있다. 괜찮다. 자손들을 보면서 내가 행복하다면 더 바랄 게 없다.

볼수록 멋져요

하얗게 세는 머리카락이 꼭 노화의 원인은 아니라고 말하지만, 사람에 따라 차이가 있기는 해도 나이가 들면 머리카락의 변화를 피할 수가 없다. 흰머리를 감추기 위해 검은색으로 염색을 하고, 시간이 지나면서 변색이 되어 이중삼중으로 다양한 머리카락을 바라보는 것은 서글픈 일이다.

남편은 40대부터 염색을 해야만 할 정도로 갑자기 흰머리가 많이 생겼다. 검은색으로 염색을 하면서 처음에는 몰랐지만 점점 시간이 지나면서 두피에 부스럼이 생기거나 탈모가 시작되었다. 전에는 염색약이 냄새도 강하고 품질이 떨어졌는지 시력에도 영향이 있는 것 같다고 했다. 하지만 사회생활을 하는 데 지장이 있을 것 같아서 흰머리를 감추기에만 정성을 들였다. 직장에 다닐 때는 퇴직한 후에는 염색을 하지 않겠다는 말을 했었지만, 퇴직을 한 후에도 머리 염색은 계속되었다. 나는 남편의 흰머리를 싫어했다. 막상 퇴직을 하고 할 일이 없어져서 의기소침해졌는데 머리까지 허옇게 하고 다니는 것은 더 초라해 보일 것 같았다. 백발이 된 남편과 동행하는 것이 내키지 않을 때도 있었다. 남편은 이발소에서 하던 염색을 때로는 집에서 내가 할 때도 있었다. 유난히 검고 굵고 풍성하던 머리숱이 탈모와 백발로 엉성해진 부분을 다독거리면서, 되돌릴 수 없는 그 시절을 아쉬워하기도 했다. 염색을 하고 이십일 정도만 지나면 염색한 머리와 새로 나온 머리의 경계선이 뚜렷해지기 시작한다. 서둘러서 다시 검은 염색약을 꼼꼼하게 바르고 바라보면서, 조금은 젊은 모습을 되찾은 것 같은 착각에 빠지기도 했다.

지난해 딸이 살고 있는 미국에서 몇 개월을 지내는 동안 마음에 변화를 느꼈다. 미국인들은 머리색이나 수염이 참으로 각양각색이다. 다양한 인종이 살고 있는 나라이기도 하지만 금발, 백발, 갈색, 회색, 검거나 반백의 머리카락을 길게 또는 아주 짧게 개성대로 하고 지냈다. 수염도 그렇다. 덥수룩한 수염, 코밑만 기른 수염, 얼굴이 절반은 수염으로 덮여있어도 지저분해 보이지 않고 멋지게 보였다. 딸 내외는 아버지도 머리 염색을 하지 말고 수염도 길러보라고 권했다. 염색을 하지 않고 면도를 하지 않아도 신경쓸 일이 없었다. 남편은 귀국하면 그대로 지내겠다고 했다. 그러나 사람의 생각이 쉽게 바뀌지는 않았다.

귀국하기 며칠 전, 오래전 이민을 간 학교 친구들을 만나기 위해 LA에 들렀을 때, 호텔에서 나에게 염색해 줄 것을 부탁했다. 아는 사람이 없고 한국 사람도 보기 힘든 오클라호마주 털사의 딸네에 있을 때는 그대로 지냈지만, 막상 오랜만에 동창들을 만날 생각을 하니까 생각이 변했던 것이다.

  귀국 후 남편은 다시 염색을 하지 않고 지내겠다고 했다. 그런데 나는 남편의 흰머리에 신경이 쓰였다. 모자 가게 앞을 지날 때면 괜찮은 모자를 골라서 써보라고 했다. 가지고 있는 모자가 많은데도 어울린다 싶으면 망설임 없이 사기도 했다. 머리카락은 한 달에 1~2.5센티미터까지 자란다고 한다. 세 번 정도 이발소에 다녀오자 백발이 되었다. 거울을 들여다보는 본인은 괜찮다는데 바라보는 나는 갈등이 생겼다. 평상시에 헤어스타일이 인물을 좌우한다는 생각을 하고 있었기 때문이다. 백발이 된 머리카락을 쓸어 넘겨주면서 싸한 마음이 들었지만, 오히려 깨끗해서 보기에 좋다고 생각하기로 했다. 처음엔 외출했다 들어오는 남편의 백발을 보는 순간 너무 낯설게 보여 멈칫할 때도 있었지만, 하루에도 몇 번씩 "괜찮아."라며 나에게 최면을 걸었다.

  백발로 지낸 지 얼마 되지 않았을 때 아들이 결혼을 하게 되었다. 결혼식을 앞두고 흰머리에 대한 주위 사람들의 의견이 분분했다. 오래 남을 사진을 위해서 염색하라는 사람, 자연스러워진 흰머리가 좋아 보인다는 사람 반반이었다. 마음이 흔들리는지 이발소에 가기 전 나의 의견을 물었다. 자신이 없으면 염색하라고 말했다. 이발소에 다녀온 그의 머리는 백발 그대로였다. 은근히 염색하기를 바라기는 했지만 내색은 하지 못하고 남편의 결정에 박수를 보내 주었다.

결혼식 날, 주례를 맡아주실 분을 보는 순간 "아!" 하는 감탄사가 저절로 나왔다. 집안 종친회 회장직을 맡은 분이라는 것은 알고 있었지만 뵌 적은 없었다. 나이는 남편보다 젊어 보이는데 머리숱이 풍성한 곱슬머리가 백발이었다. 백발이 참 멋있다는 생각을 했다. 주례사를 듣는 동안 그것은 그 사람의 자신감에서 나타나는 멋스러움이라는 생각이 들었다.

결혼식이 끝나고 몇 통의 전화를 받았다. 남편의 백발이 멋지고 인상이 전보다 더 부드러워 보이더라고 했다. 앞으로는 염색을 하지 말라는 당부도 덧붙였다.

요즘은 밖에서 나이 지긋한 남자들을 보면 흰머리에 눈길이 간다. 임신 중에는 임산부만 보인다더니 요즘엔 백발의 남자들이 자주 보인다. 단정한 옷차림에 백발의 어른들을 보면 눈을 뗄 수가 없다. 슬쩍슬쩍 얼굴을 흘깃거리며 그분들의 지난 삶을 짐작해 보는 버릇이 생겼다.

외출에서 돌아오는 남편에게 "당신 머리 볼수록 멋져요." 하며 애써 웃는다. 그는 웃음이 애매모호하다고 한마디하지만, 나는 말없이 바람에 흐트러진 흰 머리카락을 쓸어 넘겨준다.

그리고 장석주 시인의 시 〈대추 한 알〉을 변용해 본다.

백발

저게 저절로 희어질 리 없다
저 안에는 좌절 몇 개
저 안에 잠 못 이루던 몇 밤
저 안에 갈등 몇 날
저 안에 체념 몇 달.

저게 저 혼자 희어질 리는 없다
저 안에 내 잔소리 몇 말
저 안에 자식 걱정 몇 되
저 안에 부모 향한 회한의 눈물 몇 사발
남편의 백발이 아름답게 빛난다.

한 사람 곁에

지난 봄, 결혼기념일에 제주도에 갔다. 신혼여행 때 갔었던 제주 서귀포엔 청자다방이 있었다. 허름한 2층 건물 실내는 널찍하고 특별할 것 없는 평범한 실내장식. 당시에는 대개 그런 다방에서 사람을 기다리거나 차를 마셨다. 강산이 네 번은 바뀌었을 세월이 지나 찾아봤지만 찾을 길이 없다.

신혼여행 첫날부터 3일 동안은 맑은 날씨에, 바다는 블루사파이어 반지처럼 푸르고 물속이 투명하게 들여다보였지만, 상경하려는 4일째 되던 날은 바람 불고 비가 왔다. 비 오는 날 제주 바다는 어둡고 칙칙하고 파도가 사납게 으르렁거렸다. 비바람은 거세어지고, 비행기는 결항이었다. 며칠을 더 머물러야 할지 모르는 제주의 날씨. 카드도 없던 시절 우리는 호텔에서 여관으로 숙소를 옮기고, 가까운 찻집에 갔다. 청자다방이었다. 홍차를 시켜놓고 남편은 공중전화기 다이얼만 계속 돌렸다.

쾌청한 날씨의 서울, 새 사람을 맞이할 준비를 하고 기다리는 시댁에서는 난감해했다. 식은 홍차를 앞에 놓고 둘이는 대책 없이 비 오는 창밖만 바라보고 있었다. 다방 스피커에서 익숙한 목소리의 노래가 흘러나왔다. 한창 인기 있었던 통기타의 여가수 '양희은'이 부르는 노래였다. 신혼부부인 우리를 위해 작사 작곡한 노래라도 되는 것처럼 마음에 와 닿았다. 상경하면 바로 조상님께 인사를 드린다고 하여, 한복에 올림머리를 한 새댁은, 새신랑을 수줍게 바라보며 조용히 따라 불렀다.

> 한 사람 여기 또 그 곁에／ 둘이 서로 바라보며 웃네
> 먼 훗날 위해 내 미는 손／ 둘이 서로 마주잡고 웃네
> 한 사람 곁에 또 한 사람／ 둘이 좋아해
> 긴 세월 지나 마주앉아／ 지난 일들 얘기하며 웃네 (이하 생략)

비 오고 바람 불어 출발을 막았던 제주의 날씨는, 다음날 새벽이 되자 거짓말같이 맑게 개고 바람도 잔잔해졌다. 돌아와 한 사람 곁에 또 한 사람으로 산 지 40여 년. 부부란 어떤 관계일까 하고 가끔 생각할 때가 있다. 노랫말처럼 둘이 서로 좋아하니까 만나서 살지만, 마주 바라보고 늘 웃고만 지내지는 않는다. 서로를 이해 못하고 아웅다웅 다툼이 있을 때도 있다. 가장 가깝고도 먼 사람. 그러면서도 탈 없이 여기까지 온

것은, 서로가 노력 없이는 어려웠을 것이라고 생각한다. 내가 늘 참고 희생하며 살았다고 목소리를 높이지만, 사실은 남편의 세심한 배려 때문이라는 것을 알고 있다.

언젠가 강원도 삼척과 태백에 갔던 적이 있다. 첫째 날은 삼척에서 문화재를 탐방하고, 둘째 날은 태백산을 등반 했다. 이른봄인지라 산 위에는 아직 빙판길이 미끄럽다는 안내자의 말이 있었다. 나는 올라갈 자신이 없었다. 등산로 입구에서 평지를 걸으면서 사진을 찍고, 농산물을 파는 곳에서 당뇨가 있는 남편을 위해 뽕잎차를 사놓고 기다렸다. 어느 순간 숨차게 내려온 남편이 내 앞에 나타났다.

그 모임에서 알게 된 친구가 들려준 말은, 남편이 일행 중에서 가장 먼저 올라가고 앞서서 급하게 내려왔다고 전했다. 그녀는 아내가 아래에서 기다리기 때문이라고 생각하며 눈여겨보았다는 것이다. 그 말을 듣는 순간 나는 남편이 태백산처럼 듬직하게 느껴졌다. 미끄러운 산길을 오르기를 포기하는 나를 남겨두고 가면서, 자꾸만 뒤를 돌아보던 그의 마음을 나도 알고 있었다.

세월 지나 찾아온 제주의 봄 바다, 바다는 맑고 투명했다. 우리의 마음도 투명하다. 함께한 긴 세월, 서로의 마음속을 들여다볼 수 있을 만치 우리는 서로를 잘 알고 있다고 생각한다. 그가 무엇을 원하는지, 내가 무엇을 싫어하는지, 또 무엇을 좋아하는지를 알고 있다. 그래서 좋을 때도 있고 불편할 때도 있다. 사랑과 미움이 수시로 교차한다. 남이라면 하지 못할 말과 행동을, 내 곁에 가장 가까운 사람이기에 함부로 할 때도 있다. 지난 세월의 깊이만큼 서로를 잘 알고, 모든 것을 이해할 수 있을 거라고 생각하기 때문에 상처를 받거나 주기도 한다. 그러기에 고마울 때가 있고, 서운할 때도 있다. 별것 아닌 일에도, 순간의 감정을 자제하지 못하여 잘못된 판단을 하고, 그것으로 인해 서로의 신뢰에 금이 가려고 할 때도 있다. 부부에게 중요한 것이 신뢰라고 생각한다. 그럴 때마다 금이 가거나 깨지지 않도록 대화를 나누면서 서로의 오해를 풀었다. 함께한 긴 세월이 소중하기 때문이다.

제주 올레길을 걸었다. 남편이 앞에 서기도 하고 둘이 나란히 걷기도 했다. 관절이 시원치 않은 내 걸음에 보조를 맞추려고 느릿느릿 걸으며, 오르막이나 내리막에서 그는 항상 손을 내민다. 나는 망설임 없이 그의 손을 잡는다. 손을 잡으면 혼자 걸을 때보다 훨씬 더 편하게 걸을 수 있다. 우리가 가는 길은 굽이굽이 언덕길도 있고 언덕 너머에 보이지 않는 길도 있다. 바람 불고 바다에는 풍랑이 일어도 우리는 두렵지 않다. 한 사람 곁에 또 한 사람이 있기 때문이다.

가끔 제주의 청정한 물빛을 닮은 이름, 청자다방에서 들었던 노래를 들으면 따라 부른다. 결혼 40주년. 이제는 지나간 일들을 얘기하면서 둘이 서로 마주보며 웃는다. 내 곁에 또 한 사람이, 참으로 소중한 사람이라는 걸 서로 확인한다.

들장미
어머님의 쪽머리
꽃길
어머니, 끝없는 희생
무엇이 될까
이별할 때
잃은 것과 얻은 것
파먹는 즐거움
김치국수
팔불출의 한담

3부

어머님의 쪽머리

들장미

〈들장미〉라는 영화 이야기를 들은 지 수십 년 만에 이 영화를 보게 되었다.

중학교 1학년 때였다. 음악 선생님은 이야기꾼이었다. 그래서 음악 시간이 기다려지기도 했다. 음악에 관련된 이야기와 음악가들의 일화를 재미나게 들려주곤 했다. 영화 〈들장미〉도 그랬다. 영화 이야기를 들으면서 빈소년합창단을 알게 되었고, 주인공 '토니'의 이야기를 어찌나 실감나게 들려주는지 한창 감수성 예민한 소녀들은 토니가 가여워서 이쪽 저쪽에서 훌쩍거렸다. 그때 영화 속에 나오는 노래 두 곡을 배웠다. 합창곡 〈들장미〉는 합창부에서, 또 한 곡은 음악 시간에 배웠다.

오래전부터 그 영화를 보고 싶었지만 상영하는 극장을 찾지 못했다.

그런데 몇 달 전 음악영화를 많이 저장해 놓은 인터넷 카페지기를 알게 되어, 그렇게 보고 싶었던 영화 〈들장미〉 파일을 받아서 볼 수 있었다. 몇 번을 보고 또 보았다.

〈들장미〉는 1957년 오스트리아에서 만든 영화다. 감독은 '막스 뉴 펠트', 원제는 〈내 생애 가장 아름다운 날(Der Shonste Tag Meines Lebens)〉이다. 주인공 토니는 제1차 세계대전 소용돌이 속에서 가족을 잃고 검정 강아지 한 마리를 안고 떠돌이로 지내다가, 외롭게 사는 대장간 할아버지를 만나서 평화롭고 재미있는 나날을 보내게 되었다.

어느 날 토니가 부르는 노랫소리를 듣고, 할아버지는 기타를 치며 토니와 함께 노래를 불렀다. 바로 그 노래 "저 밝은 햇빛이~."로 시작되는 노래였다. 토니는 목소리가 맑고 노래를 아주 잘 불렀다. 할아버지는 토니의 노래 실력이 예사롭지 않음을 알게 되었다. 마침 '빈소년합창단' 모집 공고를 보고 오디션을 보게 했고, 토니는 합창단원이 되어 기숙사에 들어갔다. 다른 단원들은 가정환경이 좋은 아이들이지만 토니는 고아였다. 그러나 노래도 잘 부르고 착한 아이 토니를 예뻐해 주시는 여선생님이 계셨다. 토니는 선생님을 엄마처럼 좋아하게 되었다.

5월이면 우리나라 산과 들 강변에 하얀 찔레꽃이 피기 시작한다. 여의도 샛강 주변에도 찔레꽃이 참 많이 피어난다. 해마다 키를 늘려 꽃송이가 탐스럽다. 찔레꽃의 다른 이름이 들장미라고 한다. 그것을 알고 나서부터 나는 찔레꽃을 보면 들장미라고도 부른다. 토니는 산책하던 중 선생님에게 드리고 싶은 마음에 절벽에서 들장미 한 송이를 꺾어서 선생님 방에 꽂고 나왔다. 그러나 그 모습을 훔쳐본 같은 단원의 모략으로 토니는 도둑으로 몰려서 합창단에서 쫓겨나게 되었다. 나중에는 오해가 풀려서 합창 단원들과 함께 미국으로 연주여행을 떠나게 된다.

여의도 샛강을 따라 걷다보면, 오월 햇살을 받으며 수줍은 듯 피어있는 하얀 들장미를 볼 수 있다. 나는 아주 오래전에 만났던 친구 수자가 생각났다.

회사 담장에 분홍색 덩굴장미가 탐스럽게 피어 있었다. 그 옆에는 홑잎으로 송이가 작은 하얀 들장미가 수줍은 듯 섞여서 부드러운 향기를 뿜어냈다. 퇴근길 담장에 기대어 꽃향기를 즐기고 있는 내 옆으로 수자가 다가왔다. 그녀도 들장미를 좋아한다고 했다. 수자의 얼굴은 들장미처럼 하얗고 예뻤다. 나는 달콤한 향기를 맡으면서 잘 익은 수밀도水蜜桃 향 같다고 말했다. 수자는 수밀도는 엄마젖을 닮았다고 엄마 향기라고 했다. 들장미와 수밀도와 엄마 향기, 나는 엄마가 세상을 떠나신 지 얼마 되지 않았을 때라 엄마를 그리는 마음으로 들장미를 더 좋아하게 되었다. 우리는 꽃향기를 즐기던 날부터 자주 어울렸다.

그녀는 엄마가 있었지만 죽었다고 했다. 처음엔 이해가 되지 않았지만 어렵게 꺼내는 엄마 이야기를 듣고 아무 말도 할 수 없었다. 엄마가 부끄럽다면서 차라리 죽었다고 생각하고 싶어 했다. 어렸을 때 엄마가 재혼을 했기 때문이었다. 한 번도 아니고 두 번 세 번, 엄마를 이해할 수 없고 용서할 수도 없다고 했다. 그녀는 결혼은 하지 않을 거라고 여러 번 말하면서 그것은 엄마에 대한 복수라고 했다. 자립할 수 있게 되자 수자는 엄마를 떠나서 혼자 살고 있었다. 엄마는 지금도 혼자가 아니라고 하며 딸을 보고 싶어 하지만 곁을 주지 않았다. 어떻게든지 엄마를 괴롭히려고 하는 것 같았지만, 그녀의 진심은 엄마를 사랑하는 만큼 서운함이 큰 것을 느낄 수 있었다. 엄마에게도 사정이 있었겠지만 반항 뒤에 감추어진 그녀의 아픔이 느껴졌다.

계절이 바뀌어서 회색 하늘에서 함박눈이 펑펑 쏟아지던 어느 날, 그녀는 잘 다니던 회사에 사직서를 냈다. 그리고 얼마 후에 편지 한 장을 보내왔다. 인천에 있는 고아원에서 보모로 일하고 있다는 것이었다. 그녀는 자기와 처지가 같은 아이들과 살고 싶다고 말한 적이 있었다.

토요일이면 가끔 수자를 만나러 고아원에 갔다. 어느 때는 아이들 틈에 끼어서 함께 잠을 자기도 했다. 그녀는 아이들에게 사랑과 진심을 다했다. 어떤 이유로든 상처받은 아이들이었기에 늘 엄마의 손길이 그립고 마음이 허전한 아이들이었다. 그가 맡은 아이들은 초등학교 상급생들이었다. 그녀는 아이들과 많은 대화를 하며 믿음을 주므로 아이들에게 변화가 생겼다. 주말이면 당번을 정하여 한 주일 동안 비워두었던 자기의 자취방을 청소하고 오게 했다. 등하교 시간 외에는 함부로 외출을 할 수 없었던 아이들은 청소를 하는 일이지만 즐겁게 그곳에 다녀오고는 했다. 그녀는 청소가 목적이 아니고 믿음을 주기 위함이라고 했다. 신뢰를 쌓는 일이었다. 자기가 먼저 인정하고 믿어주자 아이들도 조금씩 변화해 가는 모습을 볼 수 있어서 그녀는 보람을 느낀다고 했다.

그러던 어느 날, 고아원 내 학예회가 있어서 학년별로 노래자랑을 한다고 했다. 무슨 이유에서인지 나에게 합창곡을 추천해달라는 친구의 부탁에, 음악 선생님이 들려준 영화 이야기 들장미가 생각났다. 햇빛은 어느 곳에나 골고루 비춘다는 희망을 노래하는 가사가 좋았다. 늘 가슴에서 떠나지 않던 노래를 수자가 맡고 있는 반 아이들이 부르면 좋겠다는 생각을 했다.

> 저 밝은 햇빛이 온 누리 비치니 우리는 항상 즐겁다
> 내 비록 슬픔을 지녔을지라도 햇빛은 밝게 비추네
> 오 나의 안식처일세 햇빛은 지지 않으리
> 오늘도 날 위해 저 밝은 햇빛은 가득히 비추어 주네

어렵게 악보를 구해서 보냈다. 그녀는 아이들에게 노래를 가르쳐 주었고, 지역에서 열리는 음악 경연 대회에 나가서 상을 받기도 했다. 덕분에 고아원에서 나의 인기는 꽤 좋았다. 나도 친구처럼 나중에 고아원에서 일할까 하고 생각했던 적도 있었다.

지금은 소식이 끊어져 알 길 없는 그녀. 눈망울 초롱초롱하던 그 아이들은 잘 자라서 멋진 어른이 되었겠지? 들장미 향기와 영화 속의 노래 한 곡으로 인연이 된 그녀와 아이들. 들장미처럼 은은한 향기로 내 가슴에 남아있어 잊을 수 없다. 아름다웠던 시절의 풍경이다.

어머님의 쪽머리

언젠가 대여섯 명 모인 자리에서 한 사람이 물었다. 처음 누구를 만났을 때 상대방의 어느 부분을 먼저 보느냐는 것이었다. 나는 헤어스타일을 본다고 했다. 누군가는 얼굴이라 하고, 또는 눈이라 하고, 각선미 등등 각자의 의견을 재미있게 나누었다. 나는 지금도 상대방의 머리 모양을 먼저 보는 것은 변함이 없다. 머리 모양은 그 사람의 첫인상부터 여러 가지를 짐작하게 한다.

그이를 만나고 3개월쯤 되었을 때, 시어머니 되실 분께 인사를 드리러 갔다. 즉 선을 보이려 간 것이다. 미용실에서 단발보다 조금 긴 머리를 차분하게 손질하고 옷도 수수한 색의 투피스를 입었다. 그동안 주위에서 전해 듣기로 어머님이 장남인 그가 나와 만나는 것을 탐탁해 하지 않는다는 것과, 성격이 깐깐한 분이라는 말을 들었다. 그러나 그이가 어떤 말로 설득을 했는지 집으로 한번 데려오라며 허락을 한 것이다. 어머님의 첫인상은 소문대로 깐깐해 보였다. 동백기름을 발라 깔끔하게 손질한 머리는 비녀를 꽂지는 않고 한 가닥으로 슬슬 땋아 동그랗게 틀어서 망사를 씌우고 여러 개의 핀으로 고정한 모양이 아주 단정했다.

그날 거실에는 화문석이 깔렸고 어머님은 풀 먹인 빳빳한 모시적삼에 새하얀 홑버선을 신었다. 나는 결혼 조건 중 약점이라고 생각했던 부모님이 안 계신 나의 현실을 들추어낼까 봐 지레 주눅이 들었다. 언젠가 선보는 자리에서 내게 부모님 부재에 대해 언짢게 말을 하는 어른이 있어서 앉은 자리에서 걱정 말라는 말을 남기고 뛰쳐나온 적이 있었다. 혹시 또 그런 일이 생길까 봐 긴장이 되었다. 하지만 어머님은 그런 내색은 조금도 하지 않고 마음 편하게 대해 주셨다. 마침 이웃에 사는 친척 아주머니가 자리를 함께했다. 친척 아주머니는 재미있는 분이었다. 집안일을 돕는 아가씨가 차려내온 점심 밥상에 같이 둘러앉아서 어색하지 않게 하려고 우스개로 분위기를 이끌어 주었다. 웃음이 많은 나는 긴장을 풀고 웃기도 하고 음식도 맛있게 먹었다. 다녀온 뒤 그이의 말로는 "우리 식구가 되려는지 낯설지 않구나."라고 하셨단다. 어머니로서는 최상의 평이라는 것이다.

첫인상이 평생을 좌우한다는 말이 있다. 결혼 후 몇 해가 지나도 나는 항상 어머님이 어려웠다. 서툰 집안일에 대한 책망을 듣기 싫었던 나는, 빈틈을 보이지 않으려고 긴장을 풀지 않았다. 내가 잘못하면 친정에서 배우지 못했다는 말을 들을까 봐 조심하면서 살았다. 함께 살았던 30여 년 동안 어머님은 매일 동트기 전에 가장 먼저 일어나서 머리 손질부터 정갈하게 하고, 불경佛經을 한 시간 정도 읽고 난 후에 집안일을 시작하셨다. 회갑이 되었을 때 해외에서 돌아온 셋째 아들이 금비녀를 해드렸다. 그러나 값나가는 금비녀는 실용성이 없는 장신구였다. 장롱 깊숙이 넣어 두고 늘 하던 대로 하고 지냈다.

그 무렵에는 부인들 머리가 쪽머리에서 파마로 바뀌는 추세였다. 긴 머리를 손질하기 번거롭기 때문이고, 동네마다 미용실이 우후죽순처럼 생겨나고 있을 때였다. 항상 한복과 쪽머리를 즐겨하시던 어머님도 머리 손질하기 힘들다고 내가 다니는 미용실에서 커트를 하고 파마를 했다. 나는 권하지 않았지만 주위에서 자꾸만 간단하게 자르라는 말을 많이 들었던 것 같다. 그 무렵 어머님은 가끔 여행을 다니셨다. 그때 긴 머리가 불편하다는 말씀을 자주 했다. 그렇지만 나는 파마를 한 어머님보다 쪽머리의 어머님 모습이 더 좋았다. 동백기름을 발라 손질한 모습이 늘 깔끔했다. 그런데 파마를 하고 나자 권위적이던 어머님이 차츰 힘없는 노인으로 변해갔다. 참으로 이해할 수 없는 변화였다. 구약성경의 삼손과 데릴라를 모티브로 한 영화에서 긴 머리칼이 잘리자 힘을 쓰지 못하던 삼손처럼 어머님도 힘을 잃어갔다. 돌아가시기 전까지 십여 년 동안은 노환으로 몸이 불편하기도 했지만, 몸과 마음을 모두 나에게 의탁하며 지냈다. 그때부터 나는 어머님과 자연스레 편안한 사이가 되어갔다.

어떤 때는 어머님에게 내가 짜증을 낼 때가 있었다. 물론 너무 힘들어서 그랬겠지만 돌아서서 곧 후회한다. 어머님이 힘이 좋을 때는 말대답 한번 못하다가 힘없는 노인이 되었다고 내 목소리가 더 커진다는 것은 얼마나 철없고 못난 처사인가. 스스로 자책하고 후회했다. 그런 반성 후에는 말도 부드럽게 하고 음식도 부드럽게 해 드리면 어린아이처럼 좋아하고 맛있다거나 고맙다는 말씀도 자주 하셨다.
　어머님과 작별한 지 오래되었지만 지금도 윤기 흐르는 쪽머리의 단아한 어머니가 그립다.

꽃길

잘 다듬어진 공원에 들어서자 모든 것들이 활기차다. 높이 솟구치는 분수대의 물줄기에 맞추어 왈츠 곡이 울려 퍼진다. 햇살에 빛나는 나뭇잎, 새들 지저귀는 소리, 놀이터에 아이들 떠드는 소리, 산책로를 열심히 걷고 뛰는 사람들, 곳곳이 생명의 소리로 넘쳐났다. 밝고 아름다운 풍경이다.

집안에 우환이 있을 때는 아무리 온 세상이 밝고 색색의 꽃들이 지천에 깔려 있어도 마음은 어둡고 무겁기만 하다. 어느 날 어머님은 침대에서 내려오다가 헛디뎌서 고관절에 골절이 생겼다. 인공고관절 수술 후 한 달 넘게 입원치료를 받고 퇴원하던 날, 같은 병실 환자들과 보호자들이 악수를 나누며 작별인사를 했다. 교통사고로 한쪽 다리를 절단한 할머니 환자는 부러움인지 아쉬움인지 "또 오세요." 하고 인사를 했고, 어머니는 또 오겠다고 대답했다. 오가는 인사말이 거슬렸지만 서로의 고통을 위로하며 정이 들었기 때문이려니 귓등으로 흘렸다. 어머님은 세상에 부러울 것 없는 표정으로 소풍 가는 아이처럼 즐거워 보였다.

집에 돌아오자 기분이 좋아진 어머님은 가까운 친지들을 보고 싶어 했다. 다음날 연락하기로 하고 주방에서 하던 일을 끝내고 방에 들어갔다. 그런데 방바닥에 고통스러운 표정으로 누워있는 어머님, 너무 놀랐지만 아무런 내색도 하지 못하고 안아서 침대로 옮기는데 수술한 다리가 그냥 흔들거리는 게 아닌가. 다리를 만지기만 해도 몹시 괴로워하셨다.

어머님의 고통은 생각할 겨를도 없이, 홍수에 둑 무너지듯 걷잡을 수 없이 나빠지는 현실 앞에 어떻게 수습을 해야 할지 막막했다. 가슴 깊은 곳으로부터 두려움이 몰려왔다. 그리고 내가 제대로 지켜드리지 못한 자책감과 또, 어머님으로 인한 짐이 자꾸만 커진다는 생각에 침대에 엎드려 통곡했다. 이제부터 어떡하지? 어머님은 어떻게 되는 것이지? 다시 병원과 집을 오가야 하는 나는 누구를 위해 살아야 하는 것이지? 어머님의 고통은 뒷전이고, 두려움과 불안함에 꺼이꺼이 울고 있는데 "미안해, 에미야." 하는 작은 목소리의 어머님 눈에는 눈물이 그렁거렸다. 그제야 나는 아픈 내색도 못하고 있는 어머님 손을 잡고 털썩 주저앉은 채, 넋이 나간 사람처럼 한동안 움직일 수가 없었다.

어머님은 같은 병원 그 병실에 다시 입원했다. 재수술을 받고 통증이

가라앉자 오랜 병원생활에 지쳤는지 자꾸만 집에 가고 싶어 했다. 간병인이 있었지만 나날이 쇠약해지고 발꿈치와 등에는 욕창이 생기기 시작했다. 건너편 침대의 교통사고 환자 할머니는 어머님 얼굴에 죽음의 그림자가 보인다고 내게 은밀하게 말했다. 어머님도 본능적인 느낌 때문에 집에 가고 싶어 하는 것일까, 불길한 예감이 들기도 하여 병실에 있기 싫어하는 당신의 바람대로 의사의 동의를 얻고 퇴원하기로 결정했다.

첫 번째 퇴원 때에는 앰뷸런스를 타고 왔지만 두 번째는 자가용으로 모시고 오는 길이었다. 세상은 색칠한 화폭마냥 밝고 화사했다. 칙칙한 병원 아픈 사람들 속에서 비몽사몽간을 헤매던 어머니는 호기심 어린 눈으로 밖을 내다보았다. 지나는 사람들의 옷차림이며, 길가 일년초의 앙증맞은 꽃무리들을 구경하는지 차창 밖의 풍경에서 눈을 떼지 못했다. 나뭇가지에 물오르기도 전에 입원했다가 꽃 피는 계절이 되었으니 그럴 만도 했다. "어머님, 근사한데로 드라이브할까요?" 했더니 고개를 끄덕이셨다. 멀지 않은 공원 쪽으로 차를 돌렸다.

공원으로 가는 도로변에는 작지만 인공폭포가 있다. 인공폭포 주변에는 산책 나온 사람들이 많이 보였다. 나 역시 집과 병원을 오고가기 몇 달, 건강한 사람들이 사는 모습을 오랜만에 보는 것 같다. 갓길에 차를 세우고 창문을 열었다. 밖은 온통 고운 봄꽃으로 치장한 꽃길이었다. 마침 인공폭포에서는 시원스레 물이 쏟아져 내리고, 쌓아올린 돌 사이사이마다 활짝 핀 영산홍과 철쭉꽃 빛깔이 화사했다. 얼른 나아서 여기저기 꽃구경이나 다니자고 수다를 떨었다. "그러지 뭐." 하고는 의자에 몸을 기대며 슬며시 눈을 감았다.

어머님은 꽃을 좋아하고 여행을 즐겼다. 언젠가 시골에서 하룻밤 보내고 오던 날, 밤새 개구리가 얼마나 울어대던지 치마폭에 폭 싸다가 너에게 들려주고 싶더라고 했던 어머니. 집 앞 언덕 키 큰 아까시나무에 꽃이 피면 바람에 향기가 실려 왔다. 나다 말다 하는 향기를 맡으려고 코를 킁킁대면, 아까시꽃 향기도 좋지만 모양도 버선코를 닮아서 참하다면서 꽃잎을 따서 먹기도 했다는 어린 시절 추억담을 들려주기도 했다. 퇴원 전 병실 창밖에 새하얀 목련이 우아한 꽃송이를 펼치던 날, 병실 사람들이 곱다고들 한마디씩 하는데, 지는 모습이 추하다며 싫다고 했던 어머니는 죽음을 연상했으리라. 감고 있는 눈가에 눈물이 맺혔다. 고통일까? 불안한 내일일까? 아니면 지나온 날을 생각할까?

삼십여 년 전 아버님이 세상을 떠났을 때 아버님과 어머니는 쉰다섯 동갑이었다. 취업 준비하는 아들, 대학생과 고등학생도 있었다. 드러내어 슬퍼하지도 못했다고 했다. 그러나 아버님 가신 빈자리가 너무 컸던지 한동안 우울증으로 힘들어 하기도 했다. 어느 날 대문 앞에서 한쪽이 마비된 남편을 부축하고 걷는 이웃 부인을 바라보며 속내를 드러내셨다. 저렇게라도 살아 있는 게 더 낫지 않았을까 하셨다.

어머님이 걸어온 길은 어땠을까? 고운 꽃길이었던 적은 얼마나 있었을까? 눈가에 맺힌 눈물을 보자 마음이 아리고 코끝이 찡했다. 그날 퇴원하는 길에 잠시 머물렀던 공원 꽃길이 어머니 생애 마지막 나들이였다. 그곳엔 여전히 봄이 되면 갖가지 꽃들이 무리지어 곱게 피어나지만 보여드릴 수 없다. 어머님에게 물어보고 싶은 이야기며, 해 드리고 싶은 것도 많았는데 고관절수술 후유증으로 건강을 회복하지 못하고 세상을 떠나셨다.

지나고 보면 아쉽고 후회되는 일이 많다. 그렇지만 퇴원하던 날 그나마 곱게 핀 꽃길에 함께 머물렀던 것이 내게 조금이라도 위안이 된다. 누군가를 위해서 베푼다고 하지만 그것은 결국 나를 위하는 일이다. 그날 몸이 불편한 어머님과 함께 했던 꽃구경은 하지 않은 것보다는 하길 잘했다며, 시간이 많이 지난 지금도 나를 위로한다.

지금쯤 어머님은 건강한 다리로 아름다운 꽃길을 걷고 계시리라. 먼저 가신 아버님과 함께.

어머니, 끝없는 희생

가을 산의 나무를 보면서 어머님을 생각한다. 나무에 붙어살던 잎들은 몸통에게 양분을 되돌려주고 떨어지는 것이 자연의 근본원리이듯, 자식에게 주고 또 주어도 아깝지 않은 것이 부모의 본능이다.

어머님은 몸이 쇠약해지면서 집안일 모두를 나에게 맡기셨다. 육신 또한 나에게 의탁하게 되었다. 육남매를 모유로 키우신 어머님의 젖가슴을 닦아드리면서

"아니, 그 풍만하던 찌찌가 요게 뭐예요?"

"어머니의 찌찌 먹고 자란 육남매는 다 어디 가고 며느리가 혼자서 닦아드려야 하나요?"

어머님은 훗훗 하고 웃는다. 모든 것이 깔끔하기로 소문난 분이었다. 친척들이 지나치다고 할 정도로 신세지는 것을 싫어하고 유별나게 깨끗한 것을 좋아하셨다. 그런 분이 며느리에게 몸을 맡기게 되었으니 미안해할 것 같아 편안하게 해 드리려고 장난으로 그렇게 해본 것이다.

결혼 전 처음으로 인사드리러 왔을 때, 동백기름 발라 윤기 흐르는 쪽머리의 단아한 모습이 인상적이었다. 풍채가 좋고 하얀 모시적삼을 입은 정갈한 모습에서 나도 모르게 움츠러들기도 했다. 결혼을 하고 함께 살면서 가끔 마주앉아서 풀 먹인 이불호청을 손질하려면 젊은 내가 어머님 쪽으로 항상 끌려가고는 했다. 길을 가도 보통걸음으로 걷는데 나는 거의 뛰다시피 해야 어머님을 놓치지 않는다. 그렇게 당당하던 분이었는데 움직이지 못한다.

병원에서는 골다공증이 심하다고 했다. 연로하셔서 수술은 위험하므로 안정을 취하는 수밖에 없다기에 약물치료만 받고 퇴원했다. 그때부터 어머님은 내 손으로 씻겨 드려야 했다. 한 달간 병상에서 지냈는데 근육이 빠진 몸은 가죽만 남았다. 그래서 젖가슴을 가지고 장난을 치면 알만 있으면 또 생겨난다고 하며 가죽만 남은 젖가슴에서 메추리알보다 작은 것이 알이라고 하며 웃는다. 그 말을 믿기에는 젖가슴이 너무 말라버렸지만, 정말로 허리가 조금씩 회복이 되어서 몇 발짝씩 걷기 시작하면서 다시 생겨났다. 하지만 이미 부실해진 몸은 자꾸만 말썽을 부렸다. 털썩 주저앉기만 해도 골절이 되고, 건강했던 몸은 서서히 무너져 내렸다. 육남매를 거뜬히 먹이고도 남았다는 젖가슴이 마르고 쪼그라들어서 아무것도 만져지지 않게 되었을 때는, 같은 여자로서 서글픈 마음이 들어 안쓰럽기도 했다.

몇 해 고생하던 어머님을 끝내 보내고 난 그해 여름이었다. 광복 60주년을 맞이하여 조선일보사가 주최하는 특별행사로 용산 전쟁기념관에서 〈아! 어머니〉전을 한다고 했다. 인터넷신문을 보다가 어머니에게 드리는 편지쓰기 공모전이 있다는 것을 알았다. 어머님을 보내고 난 아픔이 채 가시기도 전이었다. 함께 살아온 삼십여 년의 사연을 구구절절하게 쓴 편지글을 응모했다. 우수상을 받게 되었다는 연락과 초대장을 받고, 딸애와 그곳에 갔다. 사방 1미터가 넘는 판넬에 독자들이 응모한 글이 열 점 정도 있었다. 내 글을 찾아보면서 복받치는 감정을 억제할 수 없었다. 그날은 다른 것은 눈에 들어오지 않았다.

며칠 후 친구와 다시 갔을 때에야 2만여 점이나 전시되어 있는 갖가지 작품들이 보였다. 우리나라가 이만큼 발전할 수 있었던 것은, 어머니들의 힘이 컸다는 것을 알리는 전시회였다. 시간이 넉넉하여 다른 사람들의 작품을 찬찬히 보던 중, 카툰작가 서서영 씨의 〈어머니, 마르지 않는 샘〉이라는 작품을 보았다. 작가는 양쪽 볼에 살이 없이 마른 어머니의 얼굴과, 늘어진 한쪽 젖가슴과, 한쪽은 젖을 먹고 있는 자식의 얼굴로 표현했다. 작품에는 "그 많은 형제를 키우고도 어머니의 가슴은 마를 줄 몰랐습니다. 그러나 나중에야 알았습니다. 어머니의 인생이 말랐다는 것을."이라는 작가의 글이 있었다. 내가 그 작품에 공감이 간다고 하자, 친구는 어머니의 인생이 말랐다는 글에 반론을 제기했다. 친구는 어머니의 인생이 마른 것이 아니라, 자식이라는 열매가 주렁주렁 달려 있다고 말했다. 그것은 사람마다 생각이 다를 수 있겠지만, 친구 의견도 일리가 있다고 생각했다.

쉘 실버스타인의 ≪아낌없이 주는 나무≫에서, 나무는 소년에게 열매에서부터 몸통까지 모든 것을 다 내어준다. 밑동만 남은 나무는 더이상 줄 것이 없어서 미안하다고 한다. 소년은 나이 들어 다시 돌아와서 이제는 쉴 곳이 필요하다고 말한다. 나무는 소년이 잘라가고 남은 밑동을 그가 앉아서 쉴 수 있도록 내어준다. 소년이 그 밑동에 앉아 쉬자, 그래서 나무는 행복하다고 한다. 아낌없이 주는 나무, 그것은 바로 우리들의 어머니라고 생각한다.

자식은 부모의 분신이다. 부모들은 아낌없이 주는 나무처럼, 더 많이 주어서 자식들이 행복하다면 모든 것을 주려고 한다. 자식은 그것을 다 알지 못한다. 모든 양분은 자식들에게 내어주고 빈껍데기로 어머님은 가셨다. 그 양분을 먹고 자란 자식들은 또 자신의 분신을 위하여 열심히들 살고 있다. 아, 결국 열매는 다음 열매를 위하여 모든 것을 다 내어주고 있다. 어머니의 분신인 열매들은 과연 그 희생을 생각하고 있을까?

무엇이 될까

　　　　　　　　　　사람의 사후에 대해서 궁금했다. 특히 양가 부모님의 사후가 많이 궁금했다. 어느 해 '열린 문단'이라는 강연회에서 정현채 교수의 〈죽음은 소멸인가 옮겨 감인가〉라는 제목의 강연을 들을 기회가 있었다. 정교수는 여러 사람의 임종당시의 체험을 통해서 죽음이 꽉 막힌 벽으로 소멸하는 게 아니고 열린 문으로 옮겨감이다. 라는 결론을 내렸다. 내가 전문가처럼 말하기는 힘들지만 막연하게라도 사후에는 소멸이 아니라 옮겨 감이라는 것을 믿고 싶었다. 눈에 보이지 않는 세계가 있다는 것. 부모님들의 사후에 관해서 궁금하던 차에 경험했던 일을 일기처럼 기록했던 것을 적어본다.

노란 꽃

　가을이 깊어갈 무렵 특별한 여행을 떠났다 배낭을 메고 남편과 함께 도보여행을 시작한 것이다. 십여 년 전, 친구들과 걸어서 고향가자는 의견일치로 장흥에서부터 대관령옛길을 걸어서 강릉까지 갔다. 그때 꼭 다시 오리라 생각했었다. 이 가을엔 남편과 친정 부모님 묘소가 있는 영동공원묘원에 갈 참이었다.

　동부 터미널에서 시외버스를 타고 강원도 진부에 도착하여 대관령 옛길부터 걸었다. 과거 시험 보러 다니던 선비들이 오르내리던 산길 곳곳에 옛날 사람들의 흔적이 남아있는 옛길을 남편과 함께 걷고 싶었다. 산길은 호젓하고 경사가 완만하여서 걷기에 어려움이 없었다. 몇 해 전 친구들과 걸을 때는 없던 주막이 생겼다. 예전에 있던 것을 그대로 복원해 놓은 것이란다. 어두워지면 가기 힘들 거라는 관리인의 말에 쉬지도 못하고 서둘러서 하산했다. 다행히 어두워지기 전에 시내버스 정류장에 도착하여 막차를 탈 수 있었다. 친척집을 뒤로하고 아이들과 함께 여름 휴가를 즐겼던 바닷가 작은 마을, 안인에서 여장을 풀었다. 일찍 잠들었다가 철썩철썩 바위에 부딪히는 파도 소리에 잠이 깼다. 창으로 보이는 달빛이 교교하게 비추어 조용하게 밀려오는 푸른 밤바다의 아름다움에 잠을 설쳤다. 모두 잠든 밤에도 바다는 출렁 거렸다.

　다음 날 친정 부모님을 모신 영동공원묘원에 가기 위해 일찍부터 서둘렀다. 점점 늘어나는 묘지 때문에 부모님 뫼를 찾기 힘들 것 같아 관리사무실에 들렀더니 약도를 찾아서 안내해 주었다. 도착하자 봉분위에 올라온 두 개의 꽃대가 반겼다. 길게 올라온 꽃대에 노란 꽃이 올망졸망 피어있다. 한 뿌리에 두 대궁이 올라와 노랗게 핀 꽃은 무슨 꽃일까? 혹시 기다리다 목이 길어진 기린초가 아닐까 생각했지만 검색해본 결과 그것은 미역취였다. 어려서 살던 집 뒷산에는 미역취가 많았다. 봄이면 엄마와 대바구니에 뜯어 담아 나물반찬 하던 미역취가 봉분위에 올라와 꽃을 피운 것이다.

아버지와 어머니는 따로따로 모셨다가 여러 해가 지나서야 지난해 가을 공원묘지에 합장을 했다. 남동생이 성인이 되어서야 집안 어른들의 도움을 받아서 두 분을 합장으로 모시게 된 것이다. 저승에서도 멀리 떨어져 있어서 서로 그리워했는지 한집에 모시자 한 대궁에 꽃대가 둘, 올망졸망 매달린 노란 꽃송이들이 복스럽기 그지없다. 두 대궁이 올라와 작고 앙증맞은 노란 꽃 여러 송이를 피웠다.

준비한 제주를 한 잔 올리는데 봉분 위에 꽃들이 한들한들 반가운 듯 손짓한다. 관리실에서 벌초를 한 지 얼마 되지 않았는지 잔디는 깔끔하게 다듬어져 있는데 길게 뻗은 노란 꽃대는 해치지 않고 살려 둔 그 손길이 고마웠다. 잔디를 깎으면서 노란 꽃대는 건들지 않은 그들 마음. 꽃을 피운 야생화는 자식을 기다리는 어머니와 아버지의 마음 같아 보인다. 길게 올라온 대궁은 목을 길게 빼고 자식들을 기다리는 모습이 아닐까. 꽃말은 그냥 '기다림'이라 해두자. 생전에 우리 삼남매는 남들보다 적은 자식들이라 애지중지하시더니 대궁 끝에 여러 송이 달린 꽃대를 올려 한껏 욕심을 내신 것 같다. 삼남매에서 아홉 명의 손주와 증손주 아홉 명을 보셨으니 저승에서도 흐뭇하실 것 같다. 두 대궁의 노란 야생화를 보면서 부모님이 우리를 기다린 것 같은 생각이 들었다.

사람은 죽어서 어디로 가는지, 무엇이 되는지 사후의 문제를 생각해 보았다. 기독교에서는 천당과 지옥, 불교에서는 사람이나 동물로 윤회한다고 한다. 좋아하는 인디언의 기도문에 의하면, 천개의 바람, 흰 눈 위에 반짝이는 광채, 고요한 아침에 내리는 가을비, 무덤위에 내리는 부드러운 별빛이라고 한다. 나는 인디언의 기도문에 더 비중을 두고 싶다. 내 부모님은 노란 꽃으로 피어난 것일까?

하얀 나비

시부모님 묘소는 서울 근교 선산에 모셨다. 아버님 먼저 세상 뜨시고 30년쯤 더 살다 가신 어머님과 합장으로 모셨다. 같은 선산이긴 하지만 좀 외진 곳에 외롭게 계시던 아버님 유해를 모셔다가 양지바르고 아늑한 곳에 장지를 새로 마련하여 합장을 했다. 3월1일 어머님 삼우제를 지내고, 4월초에 성묘를 갔다. 묘소에 도착하여 남편과 잔을 올리고 나자 하얀 나비 두 마리가 봉분 주위에서 나풀나풀 춤을 추며 한동안 떠나지 않았다. 봉분 앞에 앉아있는 우리 주위를 맴돌며 햇살이 자글거리는 남편어깨에 앉았다. 한 마리는 내가 손바닥을 펼치자 사뿐히 내려앉아서 날개를 까딱까딱 하기도 했다. 일어날 즈음에 두 마리 함께 훨훨 날아 어디론가 사라졌다.

　예전에 듣기로 흰나비는 조상님을 의미한다고 했다. 다른 문화에서도 나비는 영혼환생 변형의 상징으로 여겼다. 전통적인 자료에 보면 연인과 부부의 사랑을 상징한다고도 했다. 친척 형님에게 듣기로 시부모님은 부부애가 남다르셨다고 한다. 입에 들어간 것도 꺼내어 나누어 먹을 만치 서로를 아끼고 위하며 지냈다고 한다. 혼자되신 어머님은 애통해 하셨지만 자식들 효도 받으며 30여년 더 살다 가셨다. 오랜만에 부모님 영혼이 만나서 즐거운 시간을 보내며 우리를 맞이하는 것 같다고 내가 말했다. 남편도 굳이 부정은 하지 않았다. 그것을 누군들 알겠는가. 사람이 죽어서 어디로 가며 무엇이 된다고 장담할 수 있겠는가. 나는 기독교인이므로 천당과 지옥이 있다고 믿지만, 때로는 그 믿음이 갈팡질팡 할 때도 있다. 과학이 발달하여 우주에는 갔다 오기도 하지만 천당과 지옥을 다녀온 사람은 없지 않은가. 하지만 생전에 불교에 공을 들인 시부모님은 나비로 환생을 했다고 믿어볼까?

이별할 때

 늦가을 비가 내린다. 밖에 있는 일년초들은 찬비를 듬뿍 맞았지만, 더이상 꽃을 피우지 않는다. 이젠 뽑을 때가 된 모양이다. 사람도 꽃처럼 저마다 정해진 수壽를 타고 태어난다면 어떨까? 하긴 꽃인들 시들고 지는 날을 알고 피어나진 않을 것이다. 간혹 자기의 죽을 날을 미리 아는 사람이 있긴 하다. 그런 사람을 영이 맑다고 하지만 극소수에 불과할 뿐이다. 한치 앞을 내다볼 수 없는 것이 사람의 운명이라 하지 않는가. 갑자기 가족 중에 사경을 헤매는 일이 생기면, 신중해야 할 생사의 문제 앞에 나이를 불문하고 우왕좌왕하게 된다.

 어머님은 고관절수술 후유증으로 폐렴 증세가 있어서 갑자기 숨쉬기

거북해졌다. 의사는 기관지 절개를 해야 하는데, 수술을 하다가 출혈이 심하면 깨어나지 못할 수도 있고, 그냥 두면 그날 밤을 넘기기 어려울 수도 있다고 했다. 남편은 동생들과 긴급회의를 했고 수술하는 쪽을 택했다. 어머님을 그대로 보낼 수는 없었기 때문이다.

 수술은 잘되었다는데, 어머님은 혼수상태에서 깨어나지 못했다. 소식을 듣고 면회를 온 일가친척들의 의견이 분분했다. 연세가 있는데 괜한 짓 했다는 것이다. 그때 어머님은 여든셋이었는데, 편히 보내드리지 않고 오히려 고생을 시킨다는 것이다. 그 말을 이해하지 못하는 것은 아니나, 그 나이의 기준은 어디에 두는 것인지 혼란스러웠다. 어머님이 아닌 남이라면 나도 그렇게 말을 할 수 있었을까? 어제까지 서로 대화를 나누고 한 상에서 식사를 하고 손을 잡고 마주보던 가족이 갑자기 위독하게 되었을 때, 나이가 많다고 고통스러워하는 모습을 가만히 보고만 있어야 할까? 장성한 자식이 몇인데, 최선을 다하는 것이 도리가 아닌가 말이다.

 그 무렵 신문에서 ≪사람은 죽음을 어떻게 맞이하는가?≫라는 책 제목을 보고 급히 구해서 읽었다. 그러나 죽음에 대한 정답은 없었다. 다만 저자는 평온이 깃든 임종에 대해서 강조했다. 그 말을 이해는 할 수 있지만 과연 평온한 죽음 그런 것이 있을까? 간혹 그런 소식을 접하기는 하지만 얼마나 될까. 갑자기 발병을 한 어머님 경우에는 죽음을 전혀 예상하지 못한 상태이므로, 평온한 임종을 맞이하기란 불가능했을 것이다. 회복이 불가능하다는 것을 알고 있는 환자도 마지막엔 살고 싶다고 절규하는 것을 볼 때가 있다. 갑작스런 폐렴으로 마지막 순간 얼마나 고통스럽고 두려웠을까 하고 생각하면, 누가 뭐래도 수술한 것에 대해서 후회하지는 않는다.

중환자실은 이른 아침에는 출입을 통제하지 않았다. 일손이 모자라는 간호사들 대신 우선 내가 할 수 있는 일부터 했다. 깨끗하게 삶은 물수건을 준비해 가지고 가서 얼굴과 몸을 닦고 로션을 발라드리면서 이야기를 한다. 혼수상태라도 숨을 쉬고 있는 한, 옆에서 하는 말을 들을 수 있다고 언젠가 들은 적이 있다. 닦아 드리면서 새색시처럼 곱고 예쁘다는 너스레를 떨기도 하고, 병원 밖의 화창한 봄소식과 어머님이 좋아하는 손주들 이야기를 하면 정말로 숨소리의 변화를 느낄 수 있었다. 조용히 귀기울이고 내 이야기를 듣고 있다는 확신을 갖게 되었다. 또 오겠다면서 손을 잡으면 어머님도 내 손을 꼭 잡으신다. 여전히 혼수상태에서 깨어나지 못했는데도, 손을 잡는 힘은 여간 강하지 않다. 온기는 없었지만 살결은 보들보들했다. 그것은 살아있기에 가능한 일이다.

남편은 만약의 경우를 대비하여 집안 어른들과 어머님 사후에 관해 의논을 하는 것 같았다. 하지만 나는 어머님 손목을 잡고 있으면 맥박도 잘 뛰고 금방이라도 눈을 반짝하고 뜰 것만 같은 느낌이 들었다. 평생을 여러 식솔 뒤치다꺼리에 늘 부족했던 잠을 푹 주무시려고 깊은 휴면에 들어간 것 같다는 생각이 들기도 했다. 어머님은 잠자다가 홀연히 떠나고 싶다고 하신 적이 있지만 지금은 아니다. 해 드리고 싶은 것, 나누고 싶은 이야기가 아직 많이 남아있다.

　아무런 차도가 없이 보름쯤 지나자 병원 측에서는 중환자실은 더 위급한 환자를 위해 비워주어야 한다기에 일반 병실로 옮겼다. 일반 병실에서는 24시간 식구들이 돌아가면서 어머님 곁을 지켰다. 열흘쯤 지났을 때, 어머님은 깊은 잠에서 깨어난 듯 살며시 눈을 떴다. 간호사가 "할머니, 이 아주머니가 누군지 아시면 눈을 깜빡깜빡 해보세요." 그러자 말 잘 듣는 아이처럼 나를 바라보며 눈을 깜빡깜빡하는 것이 아닌가. 혼수상태인 채로 한 달이 지나자 차츰 희망의 끈을 놓아 버리려 했던 시기에 어머님이 깨어났다는 것은 의술의 힘이라기보다 기적이라고 하는 것이 더 적절할 것 같았다. 의식이 돌아오자 병원 측에서는 퇴원할 것을 요구했다. 필요한 의료장비를 모두 갖추고 가정간호사의 도움을 받으며 집으로 왔다. 어머님은 집이 편안한지 그날 밤 모처럼 가래도 심하게 끓지 않고 안정된 모습으로 편안히 주무셨다.

　차츰 의식이 회복되고 식구들을 알아보기 시작했다. 하지만 기관지절개를 한 탓에, 목소리가 나오지 않는다는 것을 알고 낙심하는 모습을 보는 것은 안타까웠다. 요령이 생긴 식구들은 표정과 몸짓으로 어머님이 알아듣도록 했다. 나가고 들어올 때마다 손을 잡고 인사를 하면 고개를 끄덕이고 건강할 때 하던 대로 손바닥을 펼쳐들어 "짠!" 하면 힘없는 팔을 들어 손바닥을 마주치기도 했다. 누구나 밝은 목소리로 말을 하며 미소를 지어 보여 마음의 평안함과 희망을 드리고자 했다.

　어머님은 슬하에 육남매를 두었고 항상 육남매의 우애를 강조하셨다.

시동생들과 시누이에게 자주 오는 것만으로도 효도하는 것이라고 자주 오게 했다. 자주 모이는 것을 보면 어머님 마음이 즐거울 것이다. 마침 퇴원하던 날, 런던에 사는 시동생이 귀국했다. 어머님은 눈길을 떼지 않고 바라보며 흐뭇해하셨다. 그 눈빛에는 자식을 향한 어머님의 애틋한 마음이 가득 담겨 있었다. 시동생은 다른 약속은 피하고 며칠 동안 어머님 곁을 지키다 돌아갔다.

시어머니와 며느리로서 함께 살아온 나날, 짧지 않은 시간 동안 어찌 가슴에 담아두고 싶은 날들뿐이겠는가. 돌아보면 서로 지워버리고 싶은 날도 있을 것이다. 정성을 다하여 간병했다. 그뿐만 아니라 어머님과 손을 마주잡고 마음과 마음으로, 눈빛과 눈빛으로 많은 대화도 주고받았다. 나는 어머님의 마음을 어머님은 내 마음을 다 알고 있다는 묵언의 대화를 말이다. 때로는 나 혼자 말하고 어머님은 눈빛으로 답하며, 그렇게 대화를 나누고 나면 어머님은 편안하게 잠들고 내 가슴은 마냥 따뜻해진다. 기관지 절개 후 어머님은 열 달 동안 더 사셨다. 그동안 죽음의 문턱까지 갔던 것을 알고 있었기에, 힘들지만 현실을 받아들이는 것 같았다. 때때로 깊은 생각에 잠기기도 하고, 불편한 표정을 짓다가도 선한 눈빛으로 바라보기도 했다. 그동안 어쩌면 죽음에 대한 두려움을 떨쳐버렸을지도 모른다. 어머님의 선한 눈빛이 그것을 말해 주었다. 결국 자식들이 어머님과 아름다운 이별을 준비할 수 있도록 기회를 주신 것이라는 생각이 들어서 감사했다.

해가 바뀌어 얼었던 강과 땅이 풀리고 나무에 물오르는 봄, 양지바른 곳에는 새싹이 뾰족뾰족 고개를 내미는데, 어머님은 주무시는 듯 우리 곁을 떠나셨다. "저 노을이 지듯이 내 목숨이 사라질 때"라는 수우족 인디언의 기도문처럼 어머님은 노을이 지듯이 그렇게 가셨다. 내가 바라던 대로 평온이 깃든 죽음이었다.

그래도 마지막 이별은 슬프다.

잃은 것과 얻은 것

중국 우한에서 비롯된 코로나19, 우리나라에서도 첫 확진자가 나오고, 급속도로 확산되면서 나라 안팎은 혼란에 빠져들기 시작했다. 미국에 살고 있는 딸에게서 엄마와 아빠는 빨리 짐 챙겨서 미국으로 오라는 전화와 문자가 아침저녁으로 날아왔다. 5월 첫 돌인 아들네 손주 돌잔치도 미국에 모여서 하자는 계획까지 세우고 있었다. 귀가 솔깃해질 무렵 런던에 있는 시동생도 "형님하고 빨리 런던으로 오시지요." 했다. 듣지도 보지도 못했던 바이러스 때문에, 내 집에서 아니 내 나라에서 도망치라는 것이 아닌가. 그때만 해도 미국과 영국에는 확진자가 없었고, 설령 생긴다 해도 한국보다는 더 안전하다는 생각을 하고 있었던 것이다.

그러나 코로나19 바이러스 앞에 사람이 이렇게 미약할 수밖에 없는지, 눈 깜짝할 사이에 전 세계가 걷잡을 수 없는 혼란에 빠져들었다. 며칠 뒤 런던 시동생에게서 전화가 왔다. 두 주일 전 한국 친구와 식사를 했는데 그 친구가 코로나에 걸려서 사망했다는 것이다. 걱정이 되었지만, 두 주일 동안 아무런 증상이 없었으면 안심해도 될 것 같다고 말했다. 뒤이어 딸 전화를 받았다. "엄마, 미국은 너무 무서워. 나 서울 가야 할까봐." 하는 것이 아닌가. 손녀가 다니는 유치원이 무기한 휴원을 했고, 사위는 재택근무를 시작했고, 사람들은 무섭게 사재기를 하고 있다는 것이다. 게다가 밖에 나가 보면 마스크를 쓰지 않은 사람들 천지라 미국에 있기가 너무 무섭다고 했다. 그런데다가 이런 사정을 여섯 살 딸아이에게 설명했지만, 어린 딸은 놀이터에도 못 가고 유치원 친구들도 만나지 못하고, 또 아빠는 집에 있으면서도 일을 해야 하니 아이가 답답해했다. 처음엔 말귀를 알아듣는 듯 곧잘 적응을 했는데, 날이 갈수록 어린 딸은 정서적으로 불안해하는 것 같다고 했다. 딸은, 남편이 자기 걱정은 말고, 아이와 함께 서울에 가 있으라고 했다는 것이다. 그래서 바로 오라고 했다. 미국에서는 대다수 사람들이 마스크를 쓰지 않는다고 하여 더 염려스러웠다.

4월 14일 딸과 손녀는 귀국했다. 공항에 마중도 못 나갔다. 비행기에서 내리면 대기 중인 안전요원의 안내로 지정된 안심택시를 타고, 보건소에 가서 검사받고 다시 그 택시를 타고 집으로 온다고 했다. 딸이 도착하기 전에 우리는 필요한 짐을 챙겨서 집에서 나왔다. 모녀가 편하게 지내도록 집을 비워주고, 나와 남편은 호텔에서 지내기로 한 것이다. 두 주일간 머물기로 예약한 곳은 서울시에서 지정한 안심호텔이었다. 딸과 손녀는 검사받은 다음날 음성이라는 확인전화를 받았지만, 해외 입국자의 규정에 따라 귀국한 날부터 14일간 자가 격리를 시작했다. 다음날 걱정되고 보고 싶어서 밖에서 2층 유리문을 사이에 두고 모녀의 얼굴만 보고 돌아갔다. 딸은 앞으로 집 근처에 나타나지 말라고 신신당부를 했다. 수시로 공무원이 점검 나올 거라며, 보건소에서 전달받은 규칙이 엄격하다고 했다.

아들 내외가 두 주일 동안 여행 중이라 생각하고 편하게 지내라며 집에서 두 정류장 거리에 환경이 좋은 호텔을 예약해 주었다. 그러나 아무리 특급 호텔이라고 해도 불안했다. 내 집은 어느 먼 곳, 내가 갈 수 없는 섬이 되어 있었다. 2층 유리창을 통해 딸과 손녀의 웃음기 없는 얼굴을 보면서, 과하다시피 싶은 밝은 표정으로 손을 흔들고 뽀뽀를 보냈지만, 딸은 딸대로 나는 나대로 내일을 알 수 없는 불안함을 안고 지내야 했다. 딸이 출발하기 전, 직항이 없어서 환승해야 하는 LA공항이 위험하고, 기내에 확진자가 탔을까봐 걱정이라고 하던 말이 자꾸만 거슬렸다. 기내 화장실이 가장 위험한 곳이라서, 음료수 좋아하는 손녀도 음료수를 마시지 못했다고 한다. 서로 내색은 안했지만 마음은 목마름만큼 타고 있었다.

가까이 있는 안양천에 운동을 하려고 나왔지만, 마음이 편해야 운동이나 여행도 즐거울 터인데, 19층 객실 높이만큼 불안감은 점점 더 높아지기만 했다. 불안한 마음을 다스리려고 안양천변을 걸었다. 철쭉과 영산홍이 고운 색으로 손짓했지만, 집에서 격리중인 아이들 생각에 건성으로 지나쳤다. 호텔에서 집까지 지하철로 두 정류장 거리지만 생각하면 먼 곳, 갈 수 없는 외딴 섬처럼 아득했다. 책과 노트북을 챙겼지만 독서, 글쓰는 것, 모두 손에 잡히지 않고 점점 멀어지기만 했다.

하지만 한국에 코로나19 확진자가 걷잡을 수 없이 늘어날 때, 이역만리 미국에서 그곳은 안전하다고 효심의 손길을 보내주었던 딸과 사위, 언제든지 오라고 하던 런던의 시동생 내외의 배려는 고맙기만 했다. 또 편하게 지내도록 특급 호텔을 예약하고 손주를 안고 달려와 같이 밥을 먹으며 웃음을 주는 아들과 며느리, 그들 마음을 생각하면 든든하고 가슴이 따뜻해지기도 했다. 먹지 않아도 배부를 일이지만 마음은 편하지 않았다.

딸 모녀가 14일간의 격리를 끝내는 날, 일찍 호텔을 나와서 같은 건물에 사는 아들네에 머물렀다. 시곗바늘이 밤 12시를 지나자 우리는 집으로 들어왔다. 손녀는 잠들고 기다리던 딸이 나와서 포옹했다. 딸 모녀가 아무런 탈 없이 자가 격리를 끝마치게 됨을 감사했다. 그런데 집안에는 규격 봉투에 담긴 생활 폐기물이 가득했다. 자정이 지나야 지정된 장소에 내다 놓을 수 있다며, 딸도 자정이 되기를 기다리고 있었다. 딸은 그동안 휴지 한 장도 밖에 버리지 못한다는 규칙대로, 보건소에서 제공한 자가 격리 전용 봉투에, 택배 빈 상자까지 차곡차곡 모아 놓고 있었다. 지정된 장소에 내다 놓고 소독제를 뿌려야 한다는 것이다. 남편과 내가 도우려고 하자 다른 사람이 손을 대는 것도 규칙위반이라며, 혼자서 여러 개의 대형 봉투를 이층에서 들고 집밖 지정된 장소로 옮겼다.

호텔에 있을 때 보건소에 알아보았다. 두주일간 아무런 증상이 없으면 안심해도 된다고 했지만, 실상을 접하게 되자 다시 마음이 아팠다. 죄진 것 없고 누구의 잘못이 아닌데도 보름 동안이나 쥐 죽은 듯이 지냈을 딸 모녀를 생각하니 가슴이 미어졌다. 그러나 다행이도 딸과 손녀는 여러 가지 놀이자료를 주문해서 심심치 않게 잘 지냈다고 했다. 솟아날 구멍은 있었던 것이다. 처음엔 14일이 금방 지나갈 거라고 생각했지만, 시간이 멈춘 듯 지루했다. 돌이켜보니 오랫동안 아주 먼 곳을 다녀온 듯 아득한 옛일처럼 느껴졌다. 얼마 전 〈나는 확진자의 어머니다〉라는 글을 읽었다. 유학 갔던 아들이 돌아와 집에서 자가 격리하던 중 4일 만에 양성으로 판정받았다. 타고 온 기내에 확진자가 탔었다는 것이다. 아들은 병원으로 가고 부모는 격리해야 하는 상황이 벌어진 것이다. 그 어머니의 절망에 가슴이 저렸다. 그런데 딸과 손녀는 아무 일 없이 자가 격리를 마치게 되었으니 감사하고 감사할 뿐이다. 딸은 친정살이하느라 힘들었겠지만 나는 딸 모녀와 함께 지내면서 외손녀의 재롱을 즐기며 감사와 행복을 누렸다.

지금은 모두 제자리를 찾았다. 딸네는 다시 출국하여 잘 지내고 있다.

파먹는 즐거움

냉장고에 쟁여 놓은 식품이 가득하다.

코로나19가 심해지자 미국에서 살던 딸과 손녀가 귀국했다. 일 년 동안 같이 지내다가 미국 근무를 끝낸 사위가 귀국한 후에 이사를 했다. 나간 후에 정리를 하는데 식품 재료가 많이 남아있다.

요즘 젊은이들은 냉장고 파먹기를 즐긴다는데, 나도 이참에 냉장고 파먹기를 해야겠다. 파먹는다는 말은 여러 가지 상황에서 쓰이고 있었지만, 냉장고 파먹기란 냉장고에 남아있는 식재료를 가지고 요리하여 먹는 것을 말한다는 걸 최근에 알게 된 말이다. 나도 냉동실과 냉장실에서 음식 재료 파먹기를 하는데 꽤 먹을 만하다. 때로는 색다른 음식 재료가 있으면 유튜브에서 메뉴를 곁눈질하기도 한다. 딸이 구입했던 잘

사용하지 않던 식재료와 손녀를 위해 준비했던 것도 있어서 메뉴를 바꾸어가면서 다양한 음식 맛을 즐기고 있다.

책장에 책이 넘쳐난다. 바닥에도 쌓여있다.

냉장고 파먹기에 재미를 붙인 나는 책장에서 책 파먹기를 시작했다. 필요한 책이 있어도 서점이나 도서관에 가기가 꺼려지는 요즘엔 책장에 있는 책을 뒤적여서 찾아낸다. 삼 년 전 집을 리모델링하느라고 짐 정리를 한 적이 있다. 그때 나는 옷은 버려도 책은 버릴 수가 없었다. 자랄 때 읽고 싶었던 책을 구할 수 없어서 독서에 목말라했던 이유 때문인지 책 욕심이 많다.

"엄마, 생일에 무슨 선물 받고 싶어요?"

"책."

책 사는 데는 돈이 아깝지 않았다. 대형 서점에 없는 책은 헌책방을 뒤져서라도 샀다. 그런데 근래엔 달마다 보내오는 몇몇 문예지와 문우들이 보내주는 수필집과 시집이 자꾸 쌓여간다. 선물로 들어오는 책도 많지만 직접 사들인 책도 만만치 않다. 두 줄로 꽂아놓은 책장 뒤쪽에 있는 책은 거의 꺼내보지 않게 된다. 요즘처럼 외출이 불편할 때나 금년처럼 유난히 더운 여름에는 집에서 에어컨 켜놓고 책을 읽는 것이 가장 실속 있는 여름 나기가 아닌가 한다.

냉장고 파먹기로 식사를 마치면 이제부터 책 파먹으러 간다고 하며 찻잔을 들고 책방으로 들어온다. 오늘은 무슨 책을 파먹을까 하며 책장 앞에서 책을 뒤적거린다. 그동안 냉장고 파먹기 하면서 다양한 재료로 음식을 만들어 먹은 경험이 있으니까, 수필에 관한 책만 편식하던 독서에서 벗어나 다방면의 책을 읽기로 마음먹고 책들을 골라본다.

덕분에 수필 외의 다른 글을 많이 접하게 되었다. 고전소설과 오래전 여행지에서 사온 미술 관련 책도 펼쳐보고, 아이들이 공부하던 교과서도 찾아냈다. 읽다가 그만둔 책도 여러 권 다시 읽었다. 어떤 글은 메모를 하면서, 또 포스트잇을 덕지덕지 붙이면서 꼭꼭 씹어서 소화를 시킨 글도 있고, 향기만 맡다가 덮은 책도 있다.

책 파먹기는 내가 갖고 있는 책뿐만이 아니라 딸네에 가면 초등학교 일학년 외손녀의 책장에서도 찾아 읽고, 아들네에서 세 살짜리 손주의 책꽂이에서는 손주에게 그림동화책을 맛있게 읽어주기도 한다.

책을 읽은 후에 꿈이 생긴다면 성공한 게 아닐까. 초등학교 일학년 손녀는 꽤 많은 책을 읽었다. 그러더니 이제는 직접 책을 만들고 싶다고 한다. 어느 날 딸이 문자를 보내왔다.

"엄마, 엄마 손녀도 할머니처럼 책을 만들고 싶대요."

내가 손녀에게 영향을 주었다면 보람되고 잘된 일이다. 손녀는 틈틈이 글을 쓰고 그림을 그리면서 '내 책 내가 만들기'를 했다. 물론 전문인의 도움을 받기도 했지만, 여름방학을 하던 날 한 권짜리 손녀의 그림동화책이 완성되었다. ≪세계를 구하러 떠난 이들≫이라는 책 제목부터 요즘 환경문제에 관심을 갖고 있는 것 같아서 대견하다. 나는 모 문예지에서 곧 받게 될 원고료를 축하 선물로 주기로 했다. 좀더 커서 백희나의 ≪구름빵≫이나, ≪알사탕≫ 같은 동화를 쓰게 된다면 하고 상상을 해본다.

두 돌짜리 손주는 그림책에 있는 과일은 보는 대로 달라고 하여 덕분에 과일을 골고루 먹이게 되었다. 처음엔 손가락으로 꼬집어서 손가락을 쪽 빨면서 먹는 시늉을 하더니 이제는 직접 사야 한다. 이렇게 책을 맛있게 읽고 먹는 손주들이 건강하게 자라는 모습이 대견하다.

하루는 손녀의 책장에서 '프란치스카 비어만'의 ≪책 먹는 여우≫라는 그림 동화책을 찾아서 읽었다. 그런데 나보다 먼저 책을 먹어치우는 여우가 있었네. 여우는 책을 좋아하지만 돈이 없어서 도서관에서 빌려서 읽는다. 여우는 책을 읽고 나서 맛있는 책은 소금과 후추를 뿌려서 통째로 먹는다. 아주 맛있게 먹는다. 그러다가 사서에게 들킨 여우는 더 이상 빌릴 수 없게 되자 서점과 도서관에서 훔치기 시작한다. 결국 들켜서 형무소에 갇힌다. 감방에 갇히게 되어 책을 못 먹게 되자 배고픈 여우는 교도관에게 재미있는 이야기를 들려주고 종이와 펜을 얻어서 글을 쓰게 된다. 교도관의 도움으로 책을 출간했다. 그 후 여우가 쓴 소설이 인기가 많아졌다. 감방에서 나온 후에는 부자가 된다. 부자가 되었지만 다른 책은 먹지 않고 본인이 쓴 책만 먹는다. 명작을 훔쳐서 읽고 먹을 때는 아무리 많이 먹어도 허기가 채워지지 않았던 여우는 본인이 쓴 이야기책은 먹으면 맛있고 배부르다. 본인이 쓴 이야기책이 가장 재미있다고 생각하는 여우다.

이 그림 동화책을 읽으면서 나를 돌아보게 되었다. 책을 읽을 때 소금과 후추를 뿌려서 맛있게 먹는 여우 이야기에서 많은 것을 생각하게 되었다. 독서는 좋은 글을 쓰는 데 최고의 재산이라는 것을 진즉부터 알고 있었으면서도, 쟁여만 놓고 읽지 않은 책이 많다는 것을 이번에 책 파먹기 하면서 알게 되었다. 한 가지 목표가 생겼다. 독서를 하되 맛있게 꼭꼭 씹어서 먹기로 한다. 먹은 만큼 해야 할 것은 글을 맛깔나게 쓰는 것이다.

김치국수

6교시를 마치고 집에 오는 길이었다. 허기진 배는 등짝에 붙으려 하고 다리는 힘이 빠져서 기다시피 언덕을 올랐다. 매일 반복되는 일이지만 유난히 배가 더 고픈 날이 있다. 타박타박 걷다 보니 저만치 초가지붕이 보이고 굴뚝에서는 연기가 모락모락 올라가고 있었다. 나는 언제 그랬냐 싶게 단걸음에 열려있는 사립문으로 들어가 부엌을 들여다보았다. 솥에는 물이 끓고 있었다.

"엄마, 나 배고파."

"교복 벗고 숨 좀 돌리려무나."

강원도 농촌은 주로 감자 농사를 지었다. 도시락에는 보리쌀이 드문드문 섞인 감자밥밖에 담을 게 없었다. 시내에 사는 아이들은 대부분

도시락에 흰쌀밥을 싸오는데 나는 감자밥을 꺼내놓기 싫었다. 철이 들지 않아서인지 감자밥이 왜 그렇게 창피하다는 생각이 들었는지. 여고 일학년 초에 가지고 간 도시락 뚜껑을 열었다가 나도 몰래 얼른 닫았다. 교실에는 같은 감자밥 도시락을 꺼내놓고 먹을 시골 친구가 없었다. 그 후 나는 아예 도시락을 갖고 다니지 않았다. 일학년 때 딱 하루 하얀 쌀밥을 담은 도시락이 있었다. 그날은 할머니 제사를 지낸 날이었다. 더러 도시락을 싸오지 않는 아이들도 있었지만 그들은 매점에서 군것질을 하곤 했다. 나에게 군것질은 그림의 떡이었다. 나는 슬그머니 밖에 나와서 교실에서 떨어져 있는 나무 그늘에 앉아 책을 읽으며 시간을 보냈다.

옷을 갈아입고 불을 다 때고 난 아궁이 앞으로 가자, 부뚜막에는 대접에 빨간 김칫국물에 삶은 국수를 넉넉하게 말아놓고 송송 썬 배추김치와 아궁이에 남은 불에 슬쩍 구운 김 한 장을 손으로 부셔서 얹어주었다. 부엌 바닥에 되는 대로 퍼더앉아서 국수 한 대접을 단숨에 먹어치웠다.

"엄마, 무슨 국수가 이렇게 맛있지?"

늘 먹는 김치였고 자주 먹는 국수였다. 그날은 김칫국물에 무슨 양념을 했는지 시원하면서도 달짝지근하고 살짝 매운 것 같으면서도 아주 맵지는 않고, 고명이라야 송송 잘게 썬 배추김치와 구운 김 한 장 얹은 것뿐이었다. 부드러운 국수는 씹을 사이도 없이 바로 목구멍으로 넘어갔다. 국수를 다 먹은 대접에 남은 발그스름한 김칫국물도 단숨에 마셔

버렸다. 십리 길을 걸어서 집에 오는 동안 허기졌던 몸과 마음이 넉넉하게 채워졌다.

    결혼을 하고 가족들이 모두 집에 있는 휴일이었다. 나는 예전에 엄마가 부엌 아궁이 앞에서 김칫국물에 말아주던 국수 생각이 났다. 식구들에게 큰맘 먹고 점심에 별식을 준비했다. 적당히 익은 김칫국물에 국수를 말고 배추김치를 송송 썰어 얹었다. 다른 때는 멸치와 다시마 육수에 말아 먹는 잔치국수를 즐겨 만들었지만, 그날은 다르게 하고 싶었다. 참기름 넣고 깨소금 뿌리고 달걀지단과 김 가루도 넣고 갖은양념을 했다. 식구들은 별말 없이 그릇을 깨끗이 비웠지만, 왠지 나는 옛날 먹던 김치국수 맛이 나지 않았다. 남편에게 옛날 맛이 나지 않는다고 하자 배가 불러서 그렇다고 했다. 그래, 그때처럼 배가 고프지 않으니까 그 맛을 느낄 수 없을 것 같다. 아니면 그 국수는 엄마만 낼 수 있는 엄마의 손맛이었을 수도 있다.

    엄마는 김장할 때면 바닷물로 배추를 절였다. 바다는 집에서도 보이는 곳이지만 산길을 지나 모래사장을 한참을 걸어가야 했다. 배가 들어오지 않는 외딴 바다는 인적도 없는 곳이었다. 물동이를 이고 푹푹 빠지는 모래밭을 걸어가야 바닷가에 도착했다. 엄마는 멀찌감치 물동이를 놓고 그 옆에 고무신도 벗어놓았다. 파도가 쓱 밀고 올라올 때 바닷물을 바가지로 퍼서 모래가 가라앉은 다음 동이에 가득 채웠다. 바다에 갈 때 엄마는 항상 나를 데리고 다녔다. 가끔 두부를 만들 때나 간장을 담

글 때도 바닷물을 퍼 왔다. 엄마가 초당두부의 원조는 아니겠지만 엄마의 지혜는 칭찬할 만하다. 동해의 깨끗한 바닷물로 간을 맞추기도 하고 소금도 아꼈다. 나는 파도가 밀려올 때 그려진 선을 따라 널려있는 조개껍데기 줍는 재미를 알고 있던 터라 신나서 따라다녔다. 농사지은 배추를 바닷물에 적당히 절이고, 직접 재배한 모든 양념으로 담근 김장김치는 늘 시원한 맛이었다. 그런데 그날 엄마가 말아준 김치국수는 특별한 맛이 났다.

 가끔 감기몸살을 앓고 났을 때나 입맛이 없을 때, 마음이 헛헛할 때가 있다. 그런 날은 시원한 김칫국물에 말아주던 국수가 생각난다. 그날 엄마가 김칫국물에 말아주던 국수는 이후 어디에서도 그 맛을 보지 못했다. 내가 만들어도 그 맛이 나지 않는다. 지금도 엄마의 국수는 그리움과 함께 잊을 수가 없는 음식이다.

팔불출의 한담

자식 키워봐야 소용없다고 말하는 사람이 더러 있다. 하고 싶고 먹고 싶은 것 참아가며 가르치고 키워봤자, 저 잘나서 큰 줄 알고 부모의 공은 모른다고 섭섭해하는 것이다.

부모가 자식에게 대접을 받으려고 낳고 키운 것은 아닐 것이다. 내 몸으로 낳은 자식이니까 본능적으로 귀하고 소중하기에 좀더 잘 성장하도록 정성을 쏟는 것이다. 그것은 인간이나 동물이나 마찬가지다. 아이들이 클 때 무엇을 해주던지 아깝지 않았고 즐거웠다. 그런 일로 인해 행복하지 않았던가. 하지만 아이들이 다 큰 후에 서운하게 할 때가 있으면 괘씸한 생각을 하게 되는 것이다.

딸이 결혼하겠다고 말했을 때 잘살까 하며 염려스럽기도 했지만, 평상시에 하던 대로만 하면 제 앞가림은 하고 살겠지, 하며 믿는 마음이 생겼다. 딸은 결혼 준비를 하면서 경제적인 문제에서부터 모든 준비를 예비신랑과 의논해 가며 스스로 해결해 나갔다. 그런 딸이 대견하기도 했지만, 한편 내가 비집고 들어갈 틈을 주지 않아서 서운하기도 했다. 한편으로는 신랑 될 청년과 10년 동안 예쁘게 사귀다가 결혼을 하게 되었으니, 걱정하고 서운해 하기보다 믿음이 갔다. 부모에게 의지하지 않고 스스로 일을 처리하는 딸이 그저 미덥고 신통할 뿐이었다.

딸은 어려서부터 책임감이 강하고 할 일은 스스로 알아서 잘해 나갔다. 어느 해인가 우리 집 난방시설을 연탄아궁이에서 기름보일러로 바꾸었다. 겨울이 되면 새벽마다 보일러를 한 번씩 작동해야 집안이 따뜻해지고 식구들이 아침에 일어나서 활동할 수 있었다. 보일러는 지하실에 있고 스위치는 어머님이 쓰는 안방에 있었다. 그때만 해도 기술이 모자랐는지 점화할 때면 쿵쿵 덜컹덜컹하는 소음이 심했기 때문에 어머님은 보일러 스위치 올리는 것을 무섭다고 하셨다. 새벽마다 스위치 올리는 일은 내가 해야 했는데 어느 날부터인가 안방에서 할머니와 같이 잠을 자는 아홉 살짜리 딸이 그 일을 하겠다고 나섰다. 그 후 매일 새벽이면 방바닥이 따뜻해지는 것을 느끼면서 한 시간쯤 달콤한 잠을 더 잘 수 있었다. 나는 남편에게 어린 딸이지만 친정엄마 같다고 말했다. 어린 시절 이른 아침 아궁이에 군불을 때어 방바닥을 따뜻하게 해주던 엄마, 엄마의 정을 딸에게서 느꼈기 때문이다. 딸도 더러 이른 새벽에 일어나는 일이 힘든 때도 있었겠지만 그해 겨울이 다 가도록 하루도 거르지 않고 그 일을 했다. 몸이 따뜻해지면 마음도 따뜻해진다. 집안엔 온기가 가득했고 딸애는 온 식구들의 칭찬과 사랑을 받으며 잘 컸다.

딸은 결혼을 하면서 친정집 가까이 있으면 오며 가며 엄마를 귀찮게 할 것 같다면서 거리를 두고 신혼집을 구했다. 나도 이제 홀가분하게 자신의 시간을 가지라는 것이었다. 처음엔 그것도 서운했으나 지나고 나니까 딸의 선택이 현명했다. 딸은 자기주장이 강하여 때로는 힘들 때도 있었다. 그 또한 키울 때 정직과 성실을 강조했으니 당연한 결과라고 생각한다. 자기 생각과 판단이 옳다고 주장하는 그 성격, 그에 따른 강력한 자기주장을 나쁘다고만 할 수 없지 않은가. 그도 나이 들면 다른 이들의 생각에 귀 기울이게 될 것이다.

딸은 결혼 후 집안일밖에 모르던 어미의 처지를 깊이 이해하고 있었던 것 같다. 대학생이 되면서 세상에 대한 많은 정보를 접하게 된 딸은, 내가 미처 알지 못하던 정보를 제공해 주면서 내 생활에 즐거움과 활력을 주려고 했다. 좋은 영화, 음악회, 연극 공연, 교양강좌, 심지어는 해외여행 프로그램까지 주선해 주기도 하는 것이다. 특히 평생교육원 문학 강좌를 안내해 준 것은 내 인생에 날개를 달아준 것이라고 생각한다.

나는 결혼 초부터 대가족 속에서 법석대며 살아왔다. 그러나 세월이 지나면서 가족들이 자기들 삶을 찾아 떠나고, 아이들도 자신들의 일에 적응하느라 바삐 지내고 있을 때, 반대로 할 일이 줄어든 나는 무료해진 날을 보내고 있었다. 그러던 어느 날 문자를 받았다.

"엄마, 세·바·시 신청할까요?"

　모 방송국에서 유명 강사들을 초청, '세상을 바꾸는 시간'이라는 프로그램을 진행하는데 참가신청을 하겠다는 것이다. 강사는 여섯 명, 한 사람이 15분 동안 본인들의 꿈을 실현하기 위해 열정적으로 살았던 성공담 또는 경험담을 들려주는 것이다. 여섯 명의 강사가 릴레이로 진행하는 한 시간 반은 금방 지나갔다. 강사들은 크게 성공한 사람도 있었고, 실패와 좌절을 겪고도 오뚝이처럼 일어선 사람도 있었다. 그들은 확고한 신념, 포기하지 않는 꿈으로 도전한 사람들이었다. 그들의 강연을 들으면서 지금 이 순간 나와 함께 강연을 듣고 있는 청소년들과 청년들을 보면서 그들에게 이 강연이 참으로 유익하겠다는 생각을 했다. 한편 한창나이에 훌륭한 강연을 듣고 있는 그들이 부럽다는 생각이 들었다. 동시에 이렇게 좋은 강연을 들은들 이제 와서 내가 무슨 새로운 꿈을 꿀 수 있겠는가 싶어서 아쉬움과 안타까움이 출렁거렸다. 그러나 시간이 지나면서 무엇에 홀린 것처럼 가슴이 마구 뛰는 것이다. 그 순간은 나이를 잊고 상상의 나래를 활짝 펼쳐보기도 한다. 끝나고 강연장 문턱을 넘으면서 가슴 뛰는 일이 슬그머니 사라진다 해도 그 순간만은 행복한 것이다. 그리고 그 시간의 다짐이 흐지부지될 때쯤이면 딸에게서 또 신청한다는 연락이 온다.

　비 오는 날이나 바람 부는 날을 가리지 않고, 딸이 좋은 영화나 음악회가 있다고 하면 달려갔다. 이 모든 것들이 늦게 시작한 글쓰기의 양식이 되기도 하고 내 삶에 활력소가 되므로 사양하지 않는다. 이런저런 이유로 자식 키운 덕을 톡톡히 보며 산다. 건강하게 사는 엄마의 모습을 보면 시집간 내 딸도 마음놓고 살 것이다. 자식이지만 부모를 생각하는 그 마음이 따뜻하고 넉넉하다. 그렇기 때문에 더러 서운한 일이 있어도 좋았던 때를 생각하면 서운한 마음은 봄눈 녹듯 사라진다. 나는 생각한다. 인생의 스승은 위아래가 없다고.

9와 10
잠깐 눈 붙이세요
예쁜 말
가지 않은 길
건망증이여, 안녕
고향
지나간 날들은 더 그리워지네
한 권의 책
마음을 나누는 일

4부

잠깐 눈 붙이세요

9와 10

숫자 9가 가지고 있는 의미를 생각해 보았다. 완벽을 위해서는 불안정한 숫자다. 하나를 더해서 열을 채워야 한다는 강박관념이 들거나, 오래전에 보았던 〈아직은 마흔아홉〉이라는 드라마 제목처럼, 하나의 숫자가 남았기 때문에 여유가 느껴지는 숫자이기도 하다.

부자는 구십구만 원이 있으면 백만 원을 채우기 위해 모자라는 일 만 원을 모으려고 백 원을 아낀다고 하는 말이 있다. TV에서 〈백억 부자가 되는 방법〉이라는 제목의 강의를 했다. 강사는 백억 부자와 함께 점심 약속이 있었다고 한다. 맛있는 음식을 먹겠구나 하고 은근히 기대를 가지고 부자를 만나서 먹은 점심은 4천 원짜리 청국장찌개였다. 지금은 청국장찌개 값이 더 올랐겠지만 그때는 그랬다 한다. 그 부자는 음식이 나오기를 기다리는 동안 식탁에 있는 신문을 보더니 "잘라야 되겠군." 하더니 주위를 살핀 후에 주머니에서 가위를 꺼내어 신문 한 면을 자르더라고 한다. 그것은 어느 지역을 재개발한다는 기사였고, 그는 곧 그 지역에 가 보아야겠다면서 서둘러 자리를 떴다. 강사는 부자가 되는 법을 가르쳐 준다면서 준비물로 가위를 추천한다고 했다. 당연히 정보가 있으면 놓치지 말고 손에 쥐라는 이유였다. 그 후 나는 부자에 대해서 생각해 보았다.

남편은 집에서나 직장에서 신문을 보다가, 내가 글을 쓰는 데 도움이 될 만한 자료가 있으면 가위로 잘라서 모아 주고는 했다. 자르는 행위는 백억 부자와 다를 바가 없지만 내용은 전혀 다른 것이었다. 가끔 돈 때문에 하고 싶은 것을 포기해야 할 때, 우리는 지금까지 잘못 산 것 같다고 말했다. 내가 일찌감치 돈이 되는 일에 관심을 가졌더라면, 백억 부자처럼 당신은 부동산이나 주식 등 투자에 관한 자료를 열심히 스크랩 해다 주었을 것이고, 나는 투기로 많은 돈을 벌 수 있었을 것 아니냐고 했다. 힐끔 보더니 대답이 없다. 말 같지도 않은 소리 그만하라는 듯….

강사의 말대로라면 스크랩 잘하는 남편과, 자료를 잘 읽는 나는 지금쯤 백억 부자가 되어 있을까? 가만히 고개를 저었다. 나는 벌어다 주는 돈으로 쓸 데 쓰고 아낄 때 아끼는 것은 잘하지만 돈을 버는 일에는 숙맥이다.

오늘 남편과 음악회에 다녀왔다. 해외에 나가있는 딸은, 내가 좋아하는 팝페라 가수 겸 배우인, '사라 브라이트만' 콘서트 티켓을 인터넷으로 예매해 주었다. 아들과 딸은 엄마가 공연 보는 것을 좋아한다는 것을 알고 있다. 남매가 클 때 나는 미술 전시회나 음악회에 데리고 다녔고, 남편은 시간을 내어서라도 서점이나 고궁, 문화재를 찾아서 함께 다녔다. 자식들이 긍정적인 사고를 가진 건강한 사람으로 사회에 잘 적응하려면, 여러 가지 체험을 하도록 하는 것이 부모로서 해야 할 역할이라고 생각했다. 바람대로 아이들은 각자 주어진 일에 최선을 다하며 즐겁게 살고 있다. 만약 아이들 키우면서 사람이 살아가는데 첫째도 돈, 둘째도 돈, 돈이 최고야 라고 했더라면 돈을 많이 버는 일에 눈을 돌렸을까. 부모를 만족시키기 위해 돈 보따리를 들고 찾아올까 하는 생각을 해본다. 쓸데없는 생각인 줄 알고 또 생각만 하는데도 부담스럽다. 부자는 아니어도 열심히 일한 대가로, 하루 세끼 먹고사는 데 지장이 없고, 추울 때와 더울 때를 가려가며 바꾸어 입을 옷도 있고, 소외된 사람들에게 적게라도 나눌 수 있고, 그래서 만족하다면 성공한 삶이라고 생각하고 있다.

남편 월급으로 대가족이 함께 살던 때가 있었다. 검소하게는 살았지만 인색하게 굴지는 않았다. 만약 내가 100만 원을 채우기 위해 친척들이나 식구들에게 만 원을 아꼈더라면, 대가족 속에서 내 아이들이 따뜻한 사랑을 듬뿍 받으며, 밝게 자랄 수 있는 훈훈한 환경은 만들어주지 못했을 것이다. 또 남편은 나의 요구를 들어주기 위해, 수단과 방법을 가리지 않고 돈을 모으려고 했을지도 모른다. 혹, 돈을 많이 모았다고 해도 행복은 돈과 비례하지는 않을 것이라고 생각한다.

돈은 삶의 목적이기보다는 수단이 되어야 하고, 삶의 목적은 행복을 추구하며 사는 것이라고 생각해왔다. 10을 채우기 위해 1을 쓰지 못하는 그런 부자보다는, 꼭 필요한 곳에는 9를 쓰는 것에 인색하지 않았던, 그런 삶을 살아온 것을 후회하지 않는다. 지갑은 가난할지라도 마음은 부자이기 때문이다.

지금도 나는 10보다 하나가 모자라는 9를 더 좋아한다. 사람도 지나치게 완벽한 사람보다는, 조금은 모자라는 듯해 보이는 편이 더 매력적으로 보일 수도 있다. 그래서 우리는 찰리 채플린처럼 모자라는 듯 연기를 하는 배우들을 좋아하지 않았던가.

공연이 끝나는 시간에 맞추어 달려온 아들 차를 타고 돌아오면서, 나의 오늘이 백억 부자가 부럽지 않은 행복한 삶임을 확인했다.

잠깐 눈 붙이세요

잠을 자지 않고 살 수 있는 사람은 없다. 잠은 편안한 휴식을 갖게 하지만, 잠들면 안 되는 순간의 졸음은 날름거리는 악마의 혓바닥 같다. 특히 운전 중에 졸음은 생명과도 관계가 있다. 내가 아는 사람도 운전 중에 졸다가 큰 변을 당하기도 했다. 알면서도 졸음과의 다툼에서 이기지 못한 것이다.

환경이 바뀌게 되면 우리 몸은 적응 기간이 필요하다. 시차時差가 많은 나라에 여행을 다녀온 후에는, 잠을 자야 하는 시간에 잠이 오지 않아서 고생을 한다. 우리 몸은 아주 정직하다. 습관대로 잠들던 시간엔 자야 하고, 깨어있어야 할 시간엔 깨어있기를 원하고 있다. 어기게 되면 다툼이 시작된다.

네 시간 잠자면 대학에 합격하고 다섯 시간 잠자면 떨어진다는 사당오락四當五落이라는 신조어가 있었다. 잠자는 시간을 아끼면 무슨 일이든지 해낼 수 있다는 말이다. 하지만 사람은 24시간 중 삼분의 일은 잠을 자야지만, 우리 몸은 저항력을 키우고 건강을 유지할 수 있다고 한다. 누군가 사는 것 별거 아니야, 잘 먹고, 잘 싸고, 잘 자고, 그게 최고라고도 말했다. 잠이 보약이라는 말이 있듯이 적당한 잠은 우리의 수명과도 관계가 있다. 하물며 잠들면 안 되는 사정으로 인해 밤을 새워야 한다면 그 고통은 어떠하겠는가. 아니 그 반대로 깨어야 할 잠에서 깨어나지 못한다면 지켜보는 자들의 절망은 어떠하겠는가.

어머님은 고관절 수술을 받은 후 폐렴이 심해져서 기관지 절개 수술을 받았다. 그리고 의식이 돌아오지 않았다. 수술 후유증으로 기도氣道에서 가래가 끓었다. 의식이 없는 상태에서 가래 끓는 소리는 생존을 확인할 수 있는 유일한 신호음이었다. 그 신호음에 실낱같은 기대를 걸고 있었다. 하지만 같은 병실에는, 간병하느라 고단한 가족들이 밤이면 잠을 자야 했다. 어머님은 길게는 10분, 짧게는 3분을 넘기지 못하고 가래가 끓었기 때문에, 잠깐만 지체했다가는 질식하게 될지도 모르는 위급한 상태였다. 같은 병실 환자나 보호자들의 잠을 위해서나, 어머님을 위해서 나는 신속하게 움직여야만 했다.

낮에는 육체의 통증과 마음의 고통으로 신음하던 환자들도, 밤이 되어 병실에 불을 끄면 신음 소리는 잦아들고 모두 잠에 빠져든다. 병실 밖에는 간호사들이 지나가는 발걸음 소리만 들릴 뿐, 모두들 잠든 밤은 고요 속에 잠긴다. 다만 어머님 머리맡에 있는 비상등과 나만이 병실의 밤을 지키고 있다. 나는 날이 밝기만을 기다린다. 살면서 이렇게 간절히 아침을 기다려 본 적은 없다. 병실의 밤은 길고도 지루하여, 빨리 날 새기만을 기다리는 것이다.

보호자용 간이침대에 무거운 두 다리를 올려놓는다. 자정이 되기 전까지는 별문제가 없다. 그러나 자정이 지나면 눈꺼풀은 자꾸만 감기고, 몸은 물에 젖은 솜처럼 무거워진다. 시간이 지날수록 내 몸은 잠의 유혹에 빠지려 하고, 정신은 유혹에 넘어가지 않으려고 버틴다. 사경을 헤매는 어머님 옆에서 졸음을 참지 못하는 내가 한심스러워 정신을 차리려 해도, 참을성의 한계를 지나 슬며시 한쪽 어깨를 침대에 내려놓는다. 졸음은 육신의 편안함을 틈타 순식간에 내 의식을 마비시킨다. 몽롱한 의식 저편에서 어렴풋이 바람에 구르는 가랑잎인가, 한여름 지나가는 굵은 소나기인가, 메마르면서도 다급한 소리가 들린다. 순간 병실이라는 것을 느끼면서 일어나려는 나와, 움직이기를 거부하는 내가 서로 다툼을 시작한다. 어깨를 바닥에 대고 나자 잠잘 때임을 용케도 알아차린 내 몸은 말을 듣지 않는다. 당직 간호사가 뛰어 들어옴과 동시에 나도 본능적으로 벌떡 일어난다. 앳된 모습의 간호사는 나지막한 목소리로 "섹션은 제가 할게요, 잠깐 눈 붙이세요." 한다. "잠깐 눈 붙이세요." 그 말은 천상에서 들려오는 아름다운 음악 소리 같다. 살면서 이렇게 고마웠던 때가 몇 번이나 되는가. 염치불고하고 간이침대에 다시 몸을 누인다. 언제인가 마취주사를 맞았을 때처럼 몽롱하고 나른한 안식에 빠진다. 아, 편안하다. 이대로 영원히 잠든다 해도 후회하지 않으리라. 간호사의 따뜻한 마음에, 눈물 한 줄기 귓불을 적시고 가슴까지 뜨겁다.

　사람이 참고 견뎌야 하는 것이 참 많다. 순간순간 많은 것을 참고 살아야 한다. 참는다는 것은 고통일 수도 있다. 하지만 그중에서도 졸음을 참는다는 것은 큰 고통이라는 생각이 든다. 고문 중에서도 잠을 재우지 않는 고문이 가장 무섭다고 하지 않는가. 잠을 못 자고 밤을 새워야 할 때, 잠깐이라도 쉬게 해준 간호사의 배려는 한없이 고맙고 따뜻했다.

　건강 문제로 가끔 병원에 갈 때가 있다. 진료차트를 들고 부지런히 오가는 간호사를 보면, "제가 할게요, 잠깐 눈 붙이세요." 하던 앳된 간호사가 생각난다. 나이는 어리지만 포근함을 느끼게 했던 간호사였다. 작든 크든 내가 힘들 때 받은 배려는 평생 잊을 수가 없다. 살면서 나도 누군가의 가슴을, 아주 조금이라도 따뜻하게 해준 적이 있는지, 고마운 기억으로 남을 일이 있었는지 생각해 본다.

예쁜 말

과체중과 비만은 항상 나를 따라 다니는 애물단지다. 지난해 건강검진을 했을 때도 그랬다. 하지만 체중을 줄인다는 것은 생각처럼 쉬운 일이 아니지 않은가. 전에는 식사 조절을 하면 원하는 만큼 효과가 나타났지만, 갱년기를 겪으면서부터는 노력하는 만큼 좋은 결과가 나타나지 않았다.

어렸을 적 나는 배앓이를 자주했다. 배가 아프다고 하면 아버지는

"우리 언년이 오늘은 아픈 배냐? 고픈 배냐?"

하면서 배를 살살 문질러 주셨다. 어린 마음에도 고픈 배라고 말하면 아버지 마음이 아프실 것 같아서 "고픈 배가 아니고오 그냥 아픈 배라구요."라고 했던 기억이 난다. 그때는 배가 아플 때마다 아랫집 할아버지

한테 엄지와 검지 손가락 사이에 사관이라는 침을 맞고는 했다. 침을 한번 맞으면 아프던 배가 사르르 낫는 걸 느낄 수 있었다. 그러나 침 맞는 게 무서워서 싫다고 떼를 쓰면 아버지나 어머니가 배를 살살 문질러 주셨다. 아버지는 뱃가죽이 두터워야 나중에 배를 곯지 않는다고 하면서 내 뱃가죽은 너무 얇다고 했다. 그러나 아버지의 예상은 빗나갔다. 지금은 배가 불러서 못 먹을 정도로 음식은 늘 충분하고, 내 뱃가죽엔 지방층이 점점 두터워지고 있다. 세상은 변했고 보릿고개가 없어진 지 오래다. 방송사마다 다이어트 프로그램이 심심치 않게 방영되고 이 시대는 살과의 전쟁이라는 말이 나올 정도다. 지나치게 풍족한 음식과 편리한 생활패턴으로 인해 뱃살이 두툼해지는 시대가 올 것을 그 옛날 아버지는 전혀 예상을 못했던 것이다.

  내가 듣기 싫어하는 말이 있다.

  "얼굴이 더 좋아졌네요."

  "운동하세요. 다이어트 좀 해야겠어요."

  그런 말을 들으면 대답을 피하면서 우물우물 얼버무리고 만다. 사실은 나름대로 노력을 많이 한다. 러닝머신 위에서 땀 흘리며 뛰기도 하고, 추운 겨울에도 샛강 변을 날마다 걷기도 한다. 그런데도 그런 말을 들으면 먹고 싶은 것을 절제한 것이 억울하고 운동하기 싫어진다. 나도 살을 빼고 싶다. 하지만 그게 그렇게 쉽게 되는 것인가.

  병원을 다녀온 후, 몇날 며칠의 노력 끝에 허리 사이즈가 조금, 아주 조금 줄었다고 느껴질 때, 눈썰미 있는 후배가 "체중관리 하셨지요? 보기 좋아요."라는 말을 해주는 것이다. 그 말을 듣자 '노력하면 나도 되는구나.'라는 생각에 자신감이 생기고 그 사람을 더 신뢰하게 된다. 몸에 좋은 약은 입에 쓰다는 말처럼, 내 건강을 염려해서 살 빼야 된다고 말해주는 것이 더 필요한 말인 줄은 안다. 그렇지만 자신의 콤플렉스를 건드리는 그 말은 듣기 거북하다. 이왕이면 격려의 말 한마디가 더 살맛나게 해준다.

나이에 상관없이 젊어 보인다거나 예뻐졌다는 말을 들으면 싫어하는 사람이 없다. 이왕이면 기분 좋은 말이 듣기 좋지 않겠는가. 만날 때마다 사람들에게 좋은 점을 한 가지씩 꼭꼭 집어서 칭찬을 해주는 후배가 있다. 바뀐 헤어스타일이 잘 어울린다든가, 립스틱 색깔이 예쁘다든가, 블라우스 색상이 얼굴에 잘 받는다든가, 아주 소소한 것이지만 그 사람의 변화된 모습 중에 장점을 꼭 집어서 말을 해 줄 때 오히려 그 사람이 더 돋보인다. 긍정적인 말을 들으면 누구나 즐거워지고 기분이 좋다. 좋은 말을 하는 사람은 또 상대방의 기분을 좋게 하니 분위기가 밝아진다. 나쁜 말을 들으면 상처받고 기분이 나빠지는 것은 뻔한 일이다.

신체 사이즈가 변화하면서 언제부터인가 옷가게에서 예쁜 옷을 보아도 입어보고 싶은 마음이 사라지게 되었다. 디자인이 마음에 들어서 입어보면 도무지 예뻐 보이지 않는 것이다. 가능하면 예쁜 디자인의 옷은 피하게 되고 넉넉하고 편안한 옷만 찾게 된다. 차츰 외출하는 것도 귀찮아진다. 그러던 어느 날 후배로부터 아주 살맛나는 말을 들었다. 만나기로 약속한날 입고 나갈 옷이 마땅치 않다는 내 말에.
"언니는 무슨 옷을 입어도 다 예뻐요. 호호호."
라고 말하는 것이 아닌가. 뒤에 호호호가 좀 걸리기는 하지만, 앞에 말이 칭찬으로 들려 앞의 말에 더 비중을 두고 뒤에 호호호는 무시해 버리기로 했다. 예쁘다는 말은 사실이 아니라는 것을 잘 안다. 그동안 만나온 세월이 얼마인가. 그냥 정으로 바라보면 그렇게 보일 수도 있고, 정으로 해주는 말이라서 설령 거짓말이라 해도 기분이 나쁘지 않다. 나는 그 말에 '예쁜 거짓말'이라는 이름을 붙였다. '캔 블랜 차드'는 ≪칭찬은 고래도 춤을 추게 한다≫의 저자다. 칭찬 한마디에 3톤이 넘는 범고래가 춤을 출 정도라면, 우리 인간에게는 더 큰 효과와 능력을 가져올 수 있다는 말이다.

약속한 날이 되면, 내 옷 중에 가장 화려한 옷을 골라 입고, 신발장을 활짝 열어 놓고 그동안 신지 못했던 하이힐을 꺼내 신고 외출을 해야겠다. 후배의 예쁜 거짓말에 날개를 달고, 훨훨 나는 듯이 달려가서 활짝 웃으면서

"오늘 찻값은 내가 낼게."

그리고 거짓말이 아닌 참 예쁜 말을 들을 때까지 더욱더 노력해야 되겠다.

가지 않은 길*

이집트 시나이산에서 일출을 본 후 사람들은 거의 동시에 출발했다. 전 세계에서 일출을 보려고 모여든 사람들이다. 앞지르기 할 수 없는 좁은 길, 길 한쪽에 어린 소년이 좌판에 주먹보다 작은 화석을 늘어놓고 팔고 있었다. 이것저것 구경하다 몇 개 구입한 후 돌아보니 일행이 보이지 않았다. 일렬로 내려가는 사람들 사이에 저만치 낯익은 뒷모습이 드문드문 보였다.

흐름을 따라 모세의 우물이 있는 곳까지 내려오자 앞서가던 일행이 보이지 않았다. 갈림길이었다. 매점을 지키는 이집트 소년에게 짧은 영어와 몸짓언어로 길을 물어보았다. "코리안?" 하면서 소년이 가리키는 길로 의심 없이 들어섰다. 아무리 내려와도 앞에는 외국인 남자 몇 명이 떠들면서 가고 있을 뿐이었다. 올라갈 때는 없었던 아치형의 돌문도 있고, 오묘한 조각의 바위와 아슬아슬한 절벽이 수도 없이 나타났다. 길을 잘못 들었다는 것을 깨달았을 때는 이미 되돌아갈 수 없을 만큼 와버린 후였다. 무작정 아래를 향해 걸었다. 사방을 둘러보아도 사람은 보이지 않고 어마어마한 바위산이 버티고 있었다. 갇혔다는 기분이 들었다. 서 있는 내가 아주 작은 존재임을 느낄 수 있었다.

해는 중천에 있고, 거대한 바위산은 나그네에게 그늘을 만들어 주었다. 특별한 경험이었다. 시나이산에 물들던 일출의 향연에 취했기 때문인가, 불안함은 없었다. 믿는 구석이 있긴 했다. 산을 오르기 전, 일행과 헤어지더라도 산 아래로만 내려오면 결국엔 출발하던 카타리나 수도원 앞에서 만나게 된다고 했던 안내자의 말이 생각났다. 하지만 낯설고 생소한 곳에서 일행과 헤어졌다는 두려움이 순간순간 스쳐지나가기도 했다. 얼마를 내려왔을까 올라갈 때 새벽 달빛이 비추어 윤곽만 보이던 카타리나 수도원이 환한 햇빛 아래 모습을 드러냈다. 카타리나 수도원에는 다른 여행객들이 많았다. 나중에야 알았다. 그 길은 수도사들이 3,570개의 돌을 깎아 계단을 만들었다는 것과, 모세가 오르내렸을 것으로 짐작하는 길이라는 것이 아닌가.

우연히 들어선 낯선 길을 걸을 때 '로버트 프로스트(Robert frost – 1884~1963)'의 〈가지 않은 길〉이 자꾸만 생각했다. 나는 그곳에서 새로운 길을 경험했다. 일행은 가지 못한 또 다른 길에서 가슴 두근거리며 신선한 경험을 한 것이다.

길은 어디에나 열려있다. 얼마나 힘든 길이냐, 쉬운 길이냐가 다를 뿐이다. 내 인생길도 그럴 것이다. 내가 선택한 길이 힘든 길인지 아닌지는 가보아야만 알 수 있다. 가지 않은 길은 알 수가 없다. 사는 것은 모험이다.

* 가지 않은 길: '로버트 프로스트' 가 쓴 시 제목.

건망증이여, 안녕

시작부터 혼동이었다. 버스에 올라 내리기 편안한 좌석을 찾아서 앉았다. 버스가 출발했는데 아무래도 뭔가 석연치 않았다. 아차, 교통카드를 찍지 않았다. "기사님…." 우물쭈물하면서 교통카드를 찍었다. 다행이다. 버스기사가 "아주머니, 차비 내셔야죠." 했더라면 얼마나 창피했을까.

 시간은 좀 이르다 싶게 나왔기에 시험이 치러지는 학교 정문 앞까지 여유 있게 걸어갔다. 아침 일찍부터 나온 할머니의 좌판에서 커피 한 잔 사들고, 게시판에 부착된 안내문에서 국어국문학과 고사실을 확인하고 들어가 앉았다. 출석수업 때 만났던 몇몇 낯익은 얼굴을 찾아보았지만 한 명도 보이지 않았다. 내가 일찍 나왔네, 하면서 마음에 여유가 생겼다. 문제집을 펴서 몇 문제 훑어보았지만 머리에 들어오지 않았다. 시험 감독관이 미리 들어와서 출석체크를 하겠다고 했다. 또 다른 한 명의 감독관은 칠판에 오늘의 시험과목과 시간을 적는다. 그런데 눈을 씻고 보아도 내가 준비해온 과목이 아니다. 그 순간 고사실을 잘못 들어왔다고 생각했다. 나는 국어국문학과 3학년 편입생인데 그곳은 4학년 고사실이었다. 고사실 본부를 찾아갔다. 그때까지도 나는 사태를 전혀 파악하지 못하고 있었다.

"3학년 고사실은 어디예요?"

"3학년이요? 3학년 시험은 토요일이었고 오늘은 4학년시험입니다."

"아유, 어쩌나."

안타까워하는 직원들을 뒤로하고 얼른 사무실을 나오고 말았다. 창피하고 허탈했다. 이 무슨 망신이란 말인가. 시험날짜를 제대로 알지 못했다니. 운동장을 걸어서 나오는데 착잡했지만, '몇날 며칠 밤새워 준비한 것은 꼭 시험만을 위한 것은 아니었으니까.' 혼자 중얼거리며 교문을 나와서 걸었다.

겁없이 선택한 육남매 맏이와의 결혼은 나의 시간을 갖기에는 24시간이 너무나 짧았다. 결혼하고 10년이 지난 어느 날, 박완서 씨의 소설책 한 권을 읽은 후 내용과는 무관하게 완독한 것에 너무나 감격해 눈물을 흘렸던 기억이 났다. 시동생 시누이 시집장가 다 보낸 후에 뒤를 돌아보니 내 나이 오십을 훌쩍 넘어 있었다.

대학생 딸애가 보는 엄마의 인생이 삭막하게 느껴졌던지 아니면 안타

깝게 보였나 보다. 어느 날, 저 다니는 대학의 평생교육원 모집요강책자를 갖다 주면서 원하는 강좌를 고르라고 했다. 글쓰는 것은 오래전부터 꿈꾸어 왔기 때문에 망설임 없이 나는 김상태 교수님이 지도하는 '생활수필쓰기' 강좌를 선택했다. 등록을 하고 일 년을 다닌 후에 문우들끼리 수필집을 내게 되었다. 그러나 글을 쓴다는 것은 문학에 대한 열정만 가지고 되는 것은 아니었다. 타고난 재능이 있든지, 설령 재능이 있다 해도 꾸준히 쓰는 훈련과 노력이 필요했고, 무엇보다도 문학에 대한 기초가 있어야 되겠다고 생각했다. 이왕 시작한 김에 공부를 시작했다. 편하게 접근할 수 있는 방송통신대 국어국문학과 3학년에 편입을 했다. 내 나이 50대 초반이었다. 열정 하나만으로 등록을 하고 첫 번째 치는 시험을 위해 밤샘도 마다않고 준비했다. 밤중에 화장대의 거울을 보면 후후 하고 웃음이 나왔다. 그리고 거울 속의 나에게 질문을 했다.

"너는 무엇을 원하는 거야?"

얼굴에 생기는 주름을 피하려고 마사지를 받으러 다니거나 주름 수술을 받는 친구도 있는데 하룻밤을 새우고 나면 십 년은 더 늙어 버린 것 같이 푸석푸석한 피부와 눈밑의 다크서클을 보면서 무엇을 위해 사는 것이 옳은지 갈등이 생겼다.

그 때 언젠가 읽었던 글이 생각났다. "자신에게 주어진 배움을 충분히 실현한다면 당신의 삶은 당신이 창조할 수 있다. 다른 그 누구도 당신을 대신할 수 없다." 앙드레지드가 한 이 말에 힘을 얻기도 했다. 그런데 요일을 착각한 것이다. 그냥 집에 들어가기가 쑥스러웠다. 남편과 아이들에게 뭐라고 변명하지? 준비하는 동안 그들이 얼마나 긴장했던가. 본인들의 학업은 뒤로 미루고 나를 도와주던 아들과 딸을 보기 민망했다.

고사장을 나와서 거리를 걸었다. 시간이 이르기도 했지만 딱히 혼자 들어가서 쉴 만한 곳이 적당하지 않았다. 마침 예배를 드리기 위해 교회로 들어가는 사람들이 있었다. 뒤를 따라갔다. 잠깐 눈을 감고 자신을 돌아보는 시간을 갖자 참담했던 기분이 풀리는 것 같았다.

나이를 먹어감에 따라서 내 의지와는 상관없이 자신을 난처하게 하는 것 중에 하나가 건망증이 아닌가 한다. 새댁 때 친척 형님들로부터 건망증 때문에 곤란했던 경험담을 들으면서, 나는 웃으면서 속으로는 내 기억력의 완벽함에 자만하며 으쓱해지기도 했었다. 그러나 언제부터인가 슬슬 나타나는 건망증은 어느 날 이렇게 궁지에 몰리게 된 것이다. 그러나 비관하지는 않으리라. 건망증도 살아가는 한 과정이니까 순순히 받아들여야지. 그 대신 한 번 볼 것을 두 번 보고 머릿속에 입력하던 것을 메모하리라. 오늘의 실수를 본보기로 건망증에 미리 대비하는 자세를 갖겠다.

여학교 때 읽은 프랑소아즈 사강의 《슬픔이여 안녕》은 슬픔과의 결별이 아니라 슬픔을 맞이하는 안녕이라고 생각했다. 살면서 겪어야 하는 과정이라면 건망증 때문에 비관하지 말자. 오늘의 경험을 거울삼아 배척하지만 말고 앞으로 좀더 가까이에서 '건망증이여, 안녕!' 하며 손잡고 함께 살아가리라.

고향

고향이란 자기가 태어나고 자란 곳이라는 것은 삼척동자도 알고 있을 법하지만, 한자가 연고 고故와 시골 향鄕이다. 그러기에 서울에서 나고 자란 남편의 고향에 대해서는 생각해본 적이 없었다.

나는 걸핏하면 고향 바다가 보고 싶다거나, 내 아이들에게 엄마의 아름다운 고향을 보여줘야 된다면서 무슨 핑계를 대서라도 동해바다를 보고 와야지만 향수병을 잠재우곤 했다. 남편처럼 찾아갈 고향이 없는 서울토박이들은 얼마나 삭막할까, 하고 생각했던 적이 있다.

남편은 을지로에서 태어나 몇 번 이사를 했지만, 서울을 떠난 적이 없다고 한다. 초등학교 때부터 살던 곳이 영등포였는데 지금까지 살고 있다. 예전에는 비가 오면 질척거려서 진등포라 했다는데, 지금은 영등포역과 타임스퀘어 등 대형 쇼핑몰이 들어서서 많은 사람들이 모여든다.

어느 날 저녁 정동극장에서 〈난타〉 공연을 보고 돌아오는 길이었다. 남편은 지하철역으로 가지 않고 반대편 인적이 드문 길을 따라 걷는 것이었다. 그가 간 곳은 작은 공원이었다. 결혼 전, 데이트할 때 덕수궁 돌담길을 따라 걷다가 몇 번 와본 곳이었지만 그때는 공원이 아니었다. 바로 남편의 모교, 학생들이 귀가하고 난 뒤의 한적한 교정이었다. 그는 운동장 한쪽에 있는 커다란 고목나무 밑에 가서 추억담을 들려주고, 농구대 앞에서 슛! 하며 포즈도 취해보고 배구 코트가 있는 곳에서 팔을 뻗으며 뛰어 오르기도 했다.

지금은 학교는 다른 곳으로 이전을 했고, 교사가 있던 자리에는 러시아대사관저와 고층건물이 들어서 있다. 빨간 벽돌로 지은 옛 건물 하나는 시 문화재로 모교 박물관이 되었다. 교정 일부분은 공원으로 조성이 되어 나무 밑에 여러 개의 벤치가 놓여있다. 남편과 나는 벤치에 앉았다. 초가을 바람에 철 이른 낙엽이 발아래 굴렀지만 쓸쓸하지는 않았다. 남편은 아쉬워하면서도 학교의 자취가 남아있어서 그나마 다행이라고 했다. 바로 그곳이 남편 고향이었다.

변화는 발전을 가져오고 발전해야 우리는 더 좋은 환경에서 살게 되지만 그것이 최상은 아니라고 생각한다. 그러나 변화를 거부하고 옛것만을 고집한다면 그 또한 바람직한 일은 아니다. 변하기는 하되 자취라도 남겨 놓은 모교 터는 남편에게는 불행 중 다행이라는 생각이 들었다. 남편은 교문은 여기쯤, 저기는 응원석, 또 고목나무 한 그루는 러시아 대사관저 정원에 들어가 있어서 가까이 볼 수 없게 되었다면서 아쉬워하기도 했다. 고목나무에는 커다란 구멍이 있었는데 한 학생이 그 속에 숨어서 담배를 피우다가 화재가 났던 이야기며, E여고와 인접해 있어 등하교 시간에 여학생들과의 에피소드를 이야기하면서, 신바람이 나서 지나간 시절을 회고했다.

　그나마 다행인 것은, 학교 건물 하나는 문화재로 보존되어 학교 박물관으로 자료들이 보관되었거나 전시되어 있다. 교정 한쪽은 공원으로 변했을망정 언제든지 누구라도 찾아와 쉴 수 있게 되어있다. 남편 같은 사람에게는 다시 돌아가 보고 싶은 고향 같은 곳이 남아 있으니 정말 다행이다. 모처럼 찾아온 모교 터의 공원 벤치에 앉아서 그는 지치지 않고 학창시절 추억담을 들려주었다.

　강원도에서 나고 자란 나는 서울에 정착한 지 반세기가 지났지만 아직도 낯선 곳이 많다. 살고 있는 지역을 벗어나면 잘 아는 곳이 없다. 그러나 남편은 사대문 안은 물론 웬만한 변두리까지도 모르는 곳이 없다. 몇 해 전 종로의 피맛골에 갔다. 지금은 재개발로 없어졌지만 빈대떡을 부치고 막걸리를 파는 열차 집이 있었다. 주인은 삼대째 가업을 이어서 장사를 하고 있다고 했다. 그곳의 고객은 주로 남편처럼 옛 시절이 그리워서 찾아온 사람들이거나 빈대떡 맛이 좋아서 친구들과 막걸리 한 잔하려고 오는 사람들이었다. 막걸리 한 사발에 거나하게 취기가 오른 사람들의 걸걸한 추억담이 오고가는, 종로 빈대떡집에 앉아 있으면 남편은 기분이 좋아 말이 많다. 이런 때 그는 세상이 온통 자기 것인 듯 자신만만하고 느긋하다. 나도 덩달아 기분이 좋다. 젊었을 때 같으면 그런 곳에 같이 간다는 것은 꿈도 꾸지 못했지만 지금은 나도 변했다. 술은 좋아하지 않지만 막걸리 한 잔쯤은 사양하지 않는다. 홀짝홀짝 마시다 보면 머리가 핑그르르 돈다. 약간의 취기에 풍선처럼 몸은 둥실둥실 떠오르려 하고 입가엔 실실 웃음을 흘리고 있다.

청계천이 새 물맞이를 하던 날 누구보다 좋아하던 사람이 남편이다. 우리는 사람 많은 그곳을 걷고 또 걸었다. 그리고 지방에서 친구가 오거나 해외에서 손님이 오면 그는 청계천에 모시고 갔다. 복원된 청계천변을 걷다가 광장시장에서 빈대떡과 막걸리를 대접한다. 손님들은 간이의자에 앉아서 침을 삼키며 기다린다. 그들도 서울에서 학교를 다녔기에 남편과 같이 옛 시절이 그리워 막걸리에 추억을 섞어 마시며 빈대떡으로 안주를 한다.

나는 눈을 감아도 고향집과 논두렁과 밭두렁이며 우리 집은 물론이려니와 이웃집에 있던 과일나무까지도 눈에 선해 그대로 그림을 그릴 수도 있다. 남편도 서울 뒷골목의 사정까지도 아는 것이 많다. 그는 변하지 않은 옛 모습을 더 좋아한다. 길을 걷다가 변한 서울 속에서 옛것을 그대로 유지하고 있는 곳을 찾아내면 보물찾기라도 한 듯 신이 나서 나에게 추억담을 들려주며 마냥 행복해한다. 나는 별로 재미가 없을 때도 그냥 들어 준다. 그리고 나는 남편의 고향이 서울이라는 것을 확인한다.

남편은 퇴직 후에는 문화재를 안내하는 봉사를 하고 싶다고 하면서 틈틈이 공부를 하고 있다. 지금은 시기가 맞지 않아서 보류상태이긴 하다. 아무쪼록 그가 나서 자라고 활보하고 다니던 곳, 평생을 일하며 살던 곳 서울, 그의 고향에서 봉사하며 노후를 보낸다면 남편의 인생도 그리 삭막하지는 않을 것 같다.

지나간 날들은 더 그리워지네

가을 햇살이 따가운 오후, 여의도 샛강 마을도서관에서 책 한 권을 빌렸다. 걷다보니 윤중중학교가 보였다. 학교 운동장은 조용하고 앞거리에는 일렬로 서있는 벚나무에 빨강 주황 노랑으로 물든 잎사귀가 햇살에 반짝인다. 떨어진 단풍잎을 몇 개 주워서 책갈피에 넣었다. 초등학교 시절이 떠오른다.

내가 다니던 초등학교 운동장 구석에는 아름드리 벚나무가 있었다. 벚나무 아래에는 청소할 시간이 되면 양동이에 물 받으려고 달려 나오는 아이들과, 마중물을 부어 힘껏 펌프 젓는 소리 요란했다.

벚나무는 수업 시작과 끝나는 종소리, 아이들의 재잘대는 소리를 들으며 하얀 꽃송이가 구름처럼 피었다가 꽃비를 내려주던 커다란 나무였다. 여름이면 그늘을 만들어주고 꽃이 진 자리에 올망졸망 달려있던 까만 버찌는 배고픈 아이들의 침샘을 자극했다. 가을이면 곱게 물든 잎들을 주워서 책갈피에 끼워두던 아이들, 다시 돌아가고 싶은 내 유년시절이 어른거린다.

　5학년 여름방학이었다. 방학식날 친구 셋이 이틀 뒤 학교 운동장에서 만나기로 약속했다. 우리는 바닷가 마을에 살고 있는 친구 집에 가서 숙제를 하고 바다에서 놀기로 했다. 약속한 날에 도착한 학교에는 방학을 했는데도 운동장 한쪽이 시끌벅적했다. 소리 나는 곳을 보니 펌프가 있는 벚나무 아래였다. 낯선 청년들 몇 명이 학교 주변에 사는 취학 전 개구쟁이들을 모아놓고 씻기는 중이었다. 그들은 서울에서 온 의과대학 학생들이라고 했다. 볕에 그을리고 때가 껴서 까만 아이들을 머리부터 발끝까지 비누칠을 해서 빡빡 밀고 있었다. 이가 버글거리는 더벅머리는 이발기계로 밀어내고, 버짐이 희끗희끗한 머리와 얼굴에는 약을 발라주기도 했다. 아이들을 씻기면서 우리 엄마가 이걸 보면 깜짝 놀랄 거라는 농담을 연거푸 떠벌렸다. 그들이 잠시 후에 재미있는 것을 가르쳐 준다며 우리에게 기다리라고 했다.

　벚나무 그늘에 아이들을 모아놓고, 처음 보는 악기로 노래를 가르쳤다. 그것이 기타라는 것은 중학생이 되어서야 알았다. 우리는 오학년이었기 때문에 쉽게 따라했다. 〈개척자의 참 바람〉이라는 노래, 한국전쟁이 끝나고 7~8년쯤 지났지만, 농촌은 발전이 더디기만 하고 어려움이 많았다. 그들은 농촌 계몽을 위해 낮에는 아이들을 가르치고 또, 마을에서 농사일도 거들고 밤에는 일을 끝낸 어른들을 모아서 한글을 가르친다고 했다. 그 시절 농촌엔 문맹자가 많았다. 우리는 기다릴 친구를 생각하고 중간에 자리를 떴다. 노래를 더 배우고 싶었지만 기다릴 친구와의 약속도 중요했다. 지금도 그때 배운 노래가 기억될 만큼 그날이 떠오른다.

그 시절 강원도 농촌에 농활을 왔던 대학생들은, 미루나무처럼 푸르디푸르던 청년들이었다. 농촌 사람들의 의식을 계몽하려고 개척자 정신으로 달려왔을 학생들이 가끔 생각날 때가 있다. 농촌 사람들이 공부를 해야 한다는 쪽으로 의식이 변화했던 데에는 그 무렵 개척정신으로 봉사를 나왔던 젊은이들의 봉사활동도 한몫했지 싶다. 그것이 바로 그 시대의 개척자들이었다.

안인진이라는 마을에 사는 친구는 잘사는 집아이였다. 배가 두 척에 아버지가 선장이어서 부자라고 그 동네 친구가 말해주었다. 놀러 갈 때마다 느꼈지만 집안 살림살이가 윤택하다는 것을 알 수 있었다. 우리 마을 어느 집에서도 못 보던 번쩍번쩍하는 장롱이 안방에 떡 자리 잡고 있었다. 아마도 자개장롱이 아니었을까. 친구 어머니는 우리를 반갑게 맞아주었고 집에서는 먹어보지 못한 맛있는 생선을 굽고 조림도 하고 전도 부쳐놓고, "야들아, 방학 동안에 우리 영이하고 숙제도 같이하고 자주 놀러오려무나." 하셨다. 우리는 "네!" 하고 씩씩하게 대답했다. 친구는 전과지도서와 수련장이 있어서 숙제하기에 유리했다.

숙제를 빨리 끝내고 바다에 갔다. 집에서 숙제하러 간다는 말을 하고 허락을 받은 것은 우리가 바다에 놀러갈 핑계였다. 물이 찰싹거리는 바위에는 섭이랑 삿갓조개가 다닥다닥 붙어있어서, 따는 재미에 빠져 시간 가는 줄 몰랐다. 해지기 전에 서둘러서 집으로 향했지만, 어둑어둑해진 후에야 도착했다. 부모님은 기다리다 지쳐서 화가 나 있었다. 바닷가 마을 친구네에 간다고 했기 때문에 혹시 물에서 사고라도 났을까봐 걱정을 많이 했던 것이다. 무릎 꿇고 앉아서 야단맞으며, 속으로는 야단치는 엄마를 한없이 원망하며 마음 한쪽으로는 반항심으로 엄마를 향한 미움만 키우고 있었다.

엄마의 훈계가 끝난 후, 슬그머니 담장 밖에 두었던 삿갓조개와 섭조개를 들여왔다. 엄마는 "아이구, 좀더 크게 놔두지 생기다 만 놈들을 왜 못살게 쯧쯧쯧…." 야단칠 때하고는 다르게 누그러진 목소리를 눈치채고, 금방 원망은 사라지고 조개 따는 게 얼마나 재미있었는지 조잘조잘대며 즐거운 마음이 엄마에게 전달되기를 바라기도 했다.

돌아보면 참 멀리 왔지만, 지금도 생생하게 기억나는 그 시절이 아름답게 기억난다. 지금도 가끔 〈개척자의 참 바람〉을 흥얼거린다. "개척자의 참 바람은 목적이란 그 무엔가. 개척자의 참 바람은 목적이란 농촌계몽…." 지나가고 사라진 시간들은 점점 그리움의 두께를 더한다.

한 권의 책

내가 읽은 모든 책은 내 인생의 스승이었다고 생각한다. 하지만 그중에 특별히 기억나는 책 한 권이 있다.

처음으로 유럽여행을 가게 되었다. 함께 여행할 일행들은 미국에 이민을 간 한국인들이었다. 각각 사는 곳에서 출발하여 런던 도심에 위치한 로열 앨버트홀 앞에서 만났다. 그날 런던을 출발하여 열흘간 유럽 10개국을 다니는 일정이었다. 나는 런던에 사는 시동생 집에 미리 가 있다가 만남의 장소로 나갔다. 우리 부부를 제외한 30여 명의 여행객들은 미국 각주에서 런던으로 온 한국인들이었다. 해외여행이 처음인 나는 모든 것이 새롭고 신기하기도 했지만, 처음 만난 사람들이 어색하기도 하여 서먹서먹했었다. 삼일 째 되던 날 독일에서였다. 일행 중 한

명이 남편에게 말을 걸었다. 그는 뉴욕에서 왔다고 했다. 이야기를 나누면서 놀라웠던 것은 그분은 남편과 같은 학교 선배였던 것이다. 이민 간 지 오래되어서 처음엔 알아볼 수 없었다. 이런 우연이라니 살던 동네도 같은 지역이었다. 여행 내내 함께 행동했다. 사교성이 좋은 그분과 그 부인 덕분에 일행들과 자유롭게 소통하며 연락처를 주고받기도 하여서 여행이 아주 즐거웠다.

여행이 끝나고 귀국한 지 일 년쯤 지났을 때, 뉴욕에 살고 있는 선배 부인이 한국에 왔다. 일정이 빠듯한 그분은 청주에 가는 차표를 예매해 놓았다면서 나하고는 잠깐 만날 수 있다고 했다. 아침 일찍 오픈하는 광화문 교보문고 안에 있는 카페에서 만났다. 그동안 지나온 이야기를 더 나누고 싶었지만, 차 한 잔만 하고 헤어지기엔 너무 아쉬웠다. 급히 생각한 것은 서로 책을 한 권씩 선물하면 좋을 것 같았다. 나는 '유안진'의 ≪지란지교를 꿈꾸며≫를 선택했고, 그분은 '잭 캔필드'의 ≪내 영혼을 위한 닭고기 수프≫를 추천했다. 각자 서명을 하여 주고받았다.

돌아와 그분이 골라준 책을 읽으면서 100여 가지의 이야기 중에 짧은 글 한 편이 내 마음에 깊이 자리 잡았다. 미국의 한 가정에 알츠하이머를 앓는 할머니가 계셨다. 가족들을 몰라보는 지경이 되었다. 당황한 가족들은 서로서로 할머니를 사랑으로 토닥였다. 그러자 할머니는 짧은 순간이지만 기억이 정상으로 돌아오고 있었다. 돌아서면 잊어버리긴 하지만, 가족을 알아보고 이름을 기억하기도 했다. 그것은 가족들의 사랑의 힘이었다.

그러고 얼마 지나지 않았을 때, 오랫동안 지병이 있어서 활동하기 힘들어진 어머님이 갑자기 치매 증세를 보였다. 나를 알아보지 못할 정도의 중증으로 급속하게 발전했다. 집안일이 꼬이기 시작하고 나는 깊은 나락으로 떨어지는 기분이었다. 큰일이다 싶었는데 책에서 읽은 이야기가 생각났다.

한동안 집안 사정으로 내가 남편 사업장에 나가게 되었다. 그러면서 연세가 많으신 어머님 혼자 집을 지키는 시간이 길어졌다. 그 때문에 병이 온 것이 아닐까 하는 생각이 들어 마음이 아팠다. 대가족이 법석대며 살다가 모두 독립해서 나가고 손주들도 공부하느라 얼굴 보기 힘들게 되었으니 얼마나 외롭고 적적했을까. 그 무렵 어머님은 외출도 자유롭게 할 수 없을 때였다. 빈집에 혼자 외롭기까지 하다니 외로움이 큰 병을 불러온다는 말이 맞다. 매일 며느리와 TV 보면서 커피타임 갖는 것을 즐거워하셨는데, 시중들던 큰며느리가 보이지 않으니, 해가 지고 어두워지면 어린아이가 엄마를 기다리듯 얼마나 기다리셨을까. 그러니까 증세가 심해지자 나를 제일 먼저 몰라보신 것이었지 싶다.

아이들에게 무조건 시간만 되면 할머니와 스킨십을 하도록 부탁했다. 나는 일을 그만두고 아이들도 가능하면 곁에서 즐겁게 해 드렸다. 주물러 드리고 이야기를 많이 하고 같이 손 벽치며 노래도 부르고, 잠시도 혼자 있게 하지 않았다. 어머님은 어린아이처럼 즐거워하셨다. 그로부터 정상으로 돌아오는 데 8개월이 걸렸다. 가족들이 함께한 사랑의 힘이었다.

지난겨울 딸 집에 갔을 때, 브런치(brunch)나 점심을 먹으러 나가면. 책에서 읽었던 글이 생각나서 치킨누들수프를 시켰다. 딸은 미국 사람들은 감기나 몸이 피로할 때 우리가 콩나물국이나 북엇국을 끓여 먹듯이 닭고기수프를 먹는다고 했다. 그러면 감기 기운이 사라지고 몸이 회복되기도 한단다. 야채와 닭고기를 푹 끓인 육수에 숏 파스타를 넣은 요리가 먹을 만했다. 수프를 먹으면서 돌아가신 어머님이 생각나기도 했다. 책에서 읽은 짧은 스토리로 인해 어머님을 치매에서 벗어나도록 한 것은 책에서 얻은 지혜가 내 생활에 큰 도움을 준 것이다.

귀국하는 짐 속에는 딸이 사서 넣은 치킨누들수프 통조림이 들어있었다. 어머님이 생각나고 딸이 생각날 때면, 따뜻하게 데워 먹으면서 그리움을 달랬다.

책은 언제나 내게 소중한 친구다. 선물로 받은 한 권의 책은 지금도 곁에 두고 본다.

마음을 나누는 일

우리들은 사람과 사람들 틈에서 서로 대화를 나누고 싶어 한다. 위로를 받고 싶을 때나 서로 즐거움을 나누고 싶을 때도 그렇다. 그 상대가 같은 곳을 바라보고 같은 꿈을 갖고 사는 사람이라면 더 바랄 것이 없을 것이다.

≪수필과비평≫에서는 해마다 정월이면 '신곡 문학상'이라는 큰상을 수여하는 제도가 있다. 어느 해 그 상을 받는 분이 서울에서 활동하시는 수필가 맹난자 선생님이었다. 오래전 선생님 존함을 들었을 때 흔하지 않은 성씨라서 한 번에 기억을 하게 되었다. 그날 시상식장에서 사회자는 선생 이름이 지금까지 들어본 중에서 가장 아름다운 이름이라고 했다. 그 말에 나도 한 표를 보낸다. 이번에 시상식장으로 가는 버스에

동승하신 선생님을 뵙고 언젠가 인사동에서 뵌 적이 있었음을 기억하고 반갑게 인사를 드렸다.

서울에서 출발하는 버스에는 가장 많은 인원이 탑승하는 원석문학회 회원들 외에 다른 분들이 동승하셨다. 상을 받으시는 맹난자 선생님과 신곡문학상 심사위원장이신 김상태 교수님, 수필과비평작가회의 이현수 회장님, 세미나에서 특강을 하실 김우종 교수님, 그 외에도 문단에서 활동하는 많은 분들이 동승하셨다. 특히 신곡문학상을 받으시는 맹난자 선생님과 축하객 여러분이 함께 타고 있었다. 일행이 모두 탑승을 하고 나면 항상 돌아가면서 본인 소개를 하고 인사말을 나눈다. 중간에서 탑승한 분 중에 근래에 알게 된 수필가이며 시인이신 한계주 선생님이 오셨다. 그날 오신 어떤 분보다도 나는 그 선배님이 함께 가게 되어 기쁨이 더했다. 항상 조용하고 넉넉한 인품이 상대방을 편안하게 해 주지만, 알게 된 지 얼마 되지 않아서 어렵게 생각이 들었던 분이다. 그 선생님은 상을 받는 맹난자 선생님과 40년지기 인연이라고 했다. 문예지 ≪좋은 수필≫에서 발행하는 ≪수필100인선≫에 선생의 수필집을 발간하기도 했다. 한계주 선생은 후배들에게 따뜻한 말씀으로 격려를 해 주시는 분이다. 처음 알게 되었을 때 어머니 같고 언니 같은 분이라는 생각이 들어서 늘 만날 때면 반가웠었다. 그런데 지금은 고인이 되신 그분이 그립다. 그럴 때면 남기신 시집을 찾아서 읽는다.

수필 강좌를 듣기 시작한 지 얼마 되지 않았을 때 어떤 찻집에서 지금은 고인이 되신 박완서 선생님과 다른 문인 몇 분을 만난 적이 있다. 그 일행은 찻집 한쪽 자리에서 조용히 환담을 나누다가 일어서서 나가는데 그 모습과 분위기가 참으로 다정다감하게 보였다. 나도 훗날 문우들과 분위기 있는 찻집에서 조용한 어조로 문학에 대한 이야기를 하고, 때로는 어떤 작품에 대해 열띤 어조로 논하기도 하리라는 생각을 하면서 꿈에 부풀었던 적이 있다. 그 꿈이 이루어진 것이다. 훌륭한 선생님들이 같은 차에 타고 가면서 인사를 하고 좋은 말씀을 나누며 간식을 나누는 것이 아무나 또, 아무때나 할 수 있는 일이 아니라고 생각한다.

문학을 하면서 같은 길을 가는 사람을 만난다는 것, 이 만남이야말로 얼마나 아름다운 만남인가. 수필을 읽으면서 나는 정이 메마른 세상을 살아가면서 한 생활인의 진실한 마음을 대할 수 있음은 참으로 소중한 인연이라고 생각한다. 한 해에 두 번 열리는 시상식과 세미나에서 작품으로 만나던 분들을 뵙게 되면 오히려 수줍어서 제대로 말을 하지 못하는 것은 나의 가장 큰 약점이다. 하지만 서점에서 또는 배달된 책에서 이름을 익히 아는 분의 글을 만나게 되면, 말 할 수 없이 반갑고 가슴 뛰는 일이다. 책을 펴들고 보이지 않는 그와 가슴으로 대화를 하듯이 작품을 읽는다. 수필을 읽는다는 것은 세상을 다양하게 볼 수 있는 눈을 갖게 한다. 어떤 이의 수필은 철학적이거나 또 고뇌와 참회가 있는가 하면, 한 생활인의 일상이 수채화처럼 펼쳐져 있기도 하다. 문인들의 다양한 생활상과 그들의 생각을 엿보면서 그

분들과 마음을 나누는 것이다. 내가 글을 쓰게 된 것을 감사하게 생각하면서, 앞으로 내 인생이 어떻게 펼쳐질지 기대하게 된다. 내 고뇌의 글도 누군가의 가슴에 스며들게 된다면 참으로 행복한 글쓰기가 될 것이다.

며느리밥풀꽃
부모 마음
안개
양심 거울
어떤 인연
음악으로 하나되다
탱자나무 울타리
터널은 출구가 있다
마침내 그리스

5부

며느리밥풀꽃

며느리밥풀꽃

친구와 근교 산에 오르다가 산비탈에 가녀린 대궁에 줄줄이 달려있는 빨간 꽃을 보았다. 며느리밥풀꽃이라 했다. 친구는 꽃에 얽힌 이야기를 들려준다.

옛날 한 마을에 아들과 어머니가 살고 있었다. 아들이 커서 이웃마을 처녀와 결혼을 하고, 얼마 후에 다른 마을로 일거리를 찾아 떠났다. 시어머니는 아들이 떠나자 며느리를 구박하기 시작했다. 어느 날, 저녁밥을 짓다가 밥 뜸이 잘 들었는지 밥알 두어 개 입에 넣는 것을 본 시어머니가 몽둥이로 때렸다. 이유는 어른이 먹기 전에 먼저 먹었다는 것이다. 매를 맞은 뒤부터 시름시름 앓던 며느리는 그만 죽고 말았다. 이 소식을 들은 남편이 달려와 슬퍼하며 아내를 마을 앞 솔밭 비탈진 곳에 묻어

주었다. 얼마 후, 이 며느리의 무덤가에는 이름 모를 풀이 나서 자라더니 꽃이 피었다. 입술처럼 붉은색에 하얀 밥알 두 개를 물고 있는 것처럼 보여, 마을사람들은 며느리의 넋이 꽃으로 피어난 것이라 여기고, 이 꽃을 며느리밥풀꽃이라 부르게 되었다는 슬픈 사연이었다.

 꽃말에 얽힌 이야기를 듣고 죽은 며느리의 사연이 가엾어서 길가에 쭈그리고 앉아 한참을 들여다보았다. 빨간 꽃잎에 하얀 무늬가 볼록하게 튀어나와 있는 것은 흡사 아랫입술 안쪽에 밥알 두 개가 묻어 있는 것처럼 보였다. 지난날 할말도 못하고 가시밭길 같은 삶을 살았던 우리네 며느리들의 가엾고 슬픈 사연이 며느리밥풀꽃을 통해 전해지고 있는 것이다.

 내가 자랄 때 우리 동네에 며느리가 밥을 너무 많이 먹는다며, 집안 망한다고 쫓아낸 시어머니가 있었다. 쫓겨난 그 새댁은 시집온 지 얼마 되지 않은, 내가 새언니라고 부르던 친척집 며느리였다. 우리 집에 들러서 엄마 무릎에 엎드려 하염없이 우는 것을 보았다. 엄마가 어깨를 토닥이며 뭐라고 위로의 말을 했지만, 그럴수록 서럽게 울기만 했다. 엄마가 밥상을 차려 줬지만 제대로 먹지도 못했다. 그 새댁은 친정 부모님께 걱정을 끼쳐드릴 수 없다면서 친정에는 차마 갈 수 없다고 했다. 작은 보퉁이를 가슴에 안고 맥없이 산모롱이를 돌아가던 축 처진 어깨의 뒷모습이 지금도 잊히지 않는다. 며느리밥풀꽃을 보고 오던 날 문득 그 새언니 생각이 났다. 요즈음은 쌀이 남아돌아 소비할 방법을 찾고, 비만 때문에 고민하는 사람들이 많다. 그때와는 격세지감이 든다.

얼마 전 뉴스를 보니 결혼하지 않고 혼자 살겠다는 미혼여성이 늘어나고, 설령 결혼을 했더라도 아이를 원하지 않아서 출산율도 줄고 있는 현실이다. 그 때문에 우리나라의 인구감소 문제가 심각하여 인구 소멸이라는 말까지 나오는데 가슴이 철렁했다.

결혼은 집안의 중대사이기도 하지만, 당사자들에게는 더할 수 없이 중요한 문제가 아닌가. 집안이나 부모를 위해서가 아니라, 본인의 행복을 위해서 선택하는 것이니까 부모라고 무조건 강요할 수도 없는 노릇이다.

우리나라 인구 감소 문제의 심각성이 이 시대 젊은이들이나 여성에게만 있다고 한다면 부당하다는 생각이 든다. 결혼을 회피하고 자식 낳기를 거부하는 것은, 과거에 사회와 가정에서 여성이나 며느리에게 어떻게 했는지 한번 짚어볼 필요가 있다.

내 고향 강원도에는 구전민요 〈시집살이〉가 있다. 지금도 부르는 사람이 있는지는 모르지만 나도 자랄 때 동네 언니들을 따라서 불렀던 기억이 난다.

성님 성님 사촌성님 시집살이 어떱디까.
야야동상 말도 마라 고추당초 맵다더니 시집살이 더 맵더라.
귀먹어서 삼 년 눈멀어 삼 년 벙어리 돼 삼 년.
삼 년 삼 년 석삼 년 살고 나니
삼단 같은 요 내 머리 부 돼지꼬리가 다되었고

분칠 같은 이 손길이 북두갈고리 다됐더라.
배꽃 같은 이 얼굴에 검버섯이 웬일이냐.
옥양목 앞치마 열닷 죽이 눈물 콧물에 다쳐졌네.

 오죽하면 이런 노래가 전해질까. 이 노래를 부르던 시대의 며느리들은 가족의 일원으로 생각하기보다 집안의 종쯤으로 생각했을지도 모른다. 같은 여인이면서 어찌 그처럼 맵고 쓴 시집살이를 시켰을까. 생각하면 참으로 안타까운 일이다.
 여자이기 때문에 무조건 순종하던 시대는 이제 지나갔다. 며느리가 밥을 많이 먹는다고 몽둥이로 때리거나 쫓아내는 일은 없을 뿐만 아니라, 여성의 권리 주장이 점점 강해지는 추세로 변해가고 있다.
 솔밭 가장자리에 젊은 색시의 허리처럼 가냘픈 줄기에 빨간 입술처럼 생긴 꽃잎, 밥알같이 붙어 있는 하얀 점 두 개, 그 애처롭게 생긴 작은 꽃을 보라. 작은 풀꽃 하나에도 사연이 있고, 그 사연들은 사람들의 입을 통해 훗날까지 전해진다. 며느리밥풀꽃의 사연은 의식 있는 사람들이, 후세 사람들에게 작은 들꽃을 통해서라도 잘못된 사회 관습을 다시 생각해 보라는 암시가 담겨 있지 않을까?
 산비탈에 피어있는 작은 들꽃을 보면서 그 옛날 사람 대접을 받지 못했던 며느리들의 설움을 생각해 본다.

부모 마음

그곳엔 기도의 효험이 특별한 부처님 사리탑이 있다고 했다. 수능을 앞둔 아들을 위해 기도하려고 떠나는 후배를 쫓아서, 등산모임 친구들과 설악산 봉정암에 갔다. 이른 새벽 서울에서 출발했지만 어두워져서야 도착했다. 가을이면 단풍이 아름다운 설악을 찾는 등산객들과, 간절한 염원을 담아 기도하는 신도들이 섞여서 엄청난 인파가 들끓었다. 미역국에 밥 한 술 말아서 늦은 저녁을 먹고, 미리 예약한 절 숙소에 들어가려고 했으나, 방마다 사람들로 가득해 발 디딜 틈이 없었다.

이 방 저 방 기웃거려 보았으나, 미리 준비한 숙소 예약이라는 절차는 아무 소용이 없었다. 절에 도착했을 때 추녀밑에서 많은 사람들이 비닐을 깔고, 덮고 무엇인가 준비를 하고 있었다. 처음엔 저 사람들이 무엇을 하려는지 알지 못했지만, 잠잘 곳을 마련한다는 것을 나중에야 알았다. 우리 일행도 간신히 널빤지 몇 조각 구해서 깔고 등산배낭을 베개 삼아 베고 누웠다. 새벽에 출발하려면 잠을 자야 했으나, 높은 산의 차가운 밤바람에 코끝이 시리고 땅바닥에서 올라오는 찬 기운에 잠들 수가 없었다. 일어나서 절 마당 쪽으로 들어가 보았다. 큰 법당에는 기도하는 사람들로 빈틈이 없고, 산 위의 사리탑까지 오르내리는 사람들의 행렬이 끊이지 않았다. 후배도 산꼭대기에 있는 사리탑에서, 또 법당에서 밤샘 기도에 여념이 없었다. 이 높고 험한 설악의 등성이에서 밤잠도 마다하고 두 손 합장하는 저 모성母性과 부성父性을 누가 말리겠는가. 누가 시켜서 하는 것도 아니다. 오로지 자식을 향한 부모의 마음인 것이다. 그날 밤 내 자식을 향한 간절한 정성을 절 곳곳에서 많이도 만났다.

 5박6일간 휴가를 나왔던 조카가 오늘 귀대한다. 입대하기 전에는 집에서 철부지 취급을 받던 조카였다. 군 생활에 적응을 잘할까 걱정이 되기도 했었다. 걱정했던 것과는 달리 훈련 중 성적이 좋아서 포상 휴가를 받아서 나온 것이다. 거수경례를 하는 늠름한 모습을 보는 순간 아버지의 환영幻影이 스쳐 지나갔다. 군복을 입은 의젓한 손자를 보셨다면 어떤 마음이었을까 하는 생각이 들었다.

 부모님은 아들 둘을 낳았지만 어려서 병으로 잃고, 연세가 많아지자 아들 출산에 대한 기대를 버리고 양자를 들이려고 하던 차에 동생이 생긴 것이다. 온 동네가 술렁이고 아버지는 인사 받으시기에 바빴다. 무병장수하라는 뜻에서 동네 어른들이 아명을 '바우'라고 지었다. 지금도 고향에 가면 본명보다 바우라고 해야 더 잘 알아보신다. 옛날에는 아기가 태어나면 건강하게 자라주길 바라는 마음에서 역설적으로 막 굴려도 탈 없는 의미의 이름으로 아명을 지어서 불렀다. 임금 중에 '고종'의 아명은 개똥이고, 정승 중에 '황희'의 아명은 돼지였다고 한다.

한국전쟁을 겪은 부모님은, 전쟁 후에 태어난 아들의 출생신고를 미루었다가 2년이 지나서야 했다. 세월이 지나면 필시 입대를 해야 하는데, 단 몇 해라도 늦추고 싶었던 것이다. 2년이라도 미루고 싶은 아버지의 마음은 부모의 사랑이기도 하지만, 냉정하게 따진다면 이기심에서 비롯된 것이었다고 생각한다. 어수선한 세상이 안정되려면 어느 정도 세월이 흘어야 할 것이고, 언젠가는 전쟁이 사라지고 늦둥이 아들은 군에 갈 필요가 없는 세상이 올 것이라는 말씀을 했던 아버지다. 어쩌면 당신 아들을 위해서 전쟁이 없는 세상을 염원했는지도 모른다. 내 자식만은 아니길 바라는 부모의 욕심을 누가 말리랴.

그토록 애지중지하던 아들이 다 크기도 전에 부모님은 세상을 뜨셨고, 아버지의 간절한 염원 때문이었는지 동생은 한 달간 훈련을 끝으로 군대 생활을 마쳤다. 아이러니하게도 양친부모 사망으로 인해 군복무는 면제를 받은 것이다. 아버지는 동생이 다섯 살 되던 해에 세상을 뜨셨다. 그가 자라서 아들을 낳고 그 아이가 군에 입대한 것이다. 전쟁은 나지 않았지만 분단의 비극은 여전히 젊은이들을 군으로 부르고, 전쟁이 아니라도 어수선한 세상은 긴장 속에서 만약의 사태에 대처할 준비를 하지 않으면 안 되는 현실인 것이다.

내 아들과 딸이 수험생이었을 때였다. 지하철이나 길에서 구걸하는 사람을 자주 만났다. 그냥 지나치면 안 될 것 같은 생각이 들었다. 전에는 관심 없이 그냥 지나치기도 하고, 아무 생각 없이 바구니에 돈을 넣기도 했지만, 이제는 내 아이들을 생각하면서 바구니에 돈을 넣기 시작한다. 많은 돈은 아니지만 일종의 선을 베푸는 것이라고 생각했다. 한 번도 그냥 지나치지 않았던 것은, 그렇게 해야지만 내 아들과 딸에게 그 대가가 돌아올 것 같은 얄팍한 계산을 했던 부끄러움을 고백하지 않을 수 없다. 아이들이 대학에 들어간 후에는 길을 갈 때, 지하철을 탔을 때, 구걸하는 사람이 눈에 잘 띄지 않았다. 나 역시 '내 자식만은…' 하는 이기심을 부모 마음이라고 변명해 본다.

사람은 누구나 공평하게 부여받는 조건이 있다. 아버지와 어머니를 통해야지만 세상에 태어난다는 것이다. 모든 부모는 내 자식이 잘되기를 바란다. 자식의 장래를 위해서는 희생을 마다하지 않는다. 건강한 정신은 부모를 통한 사랑에서 비롯된다고 생각한다. 근래엔 부모의 지나친 이기심이 자녀들을 망친다고 우려하는 소리가 높지만, 역시 그 이기심도 내 자식만은 잘되기를 바라는 부모 마음에서 비롯된 것이다. 결국 자식이 반듯하게 되길 바라는 부모 마음이 건강한 정신과 건강한 사회를 만들어간다는 생각을 해본다.

살면서 깨달은 게 있다. 자립할 수 없는 어린 자식을 두고 떠나는 부모는 죄를 짓는 것이다. 그 어린아이가 어떻게 이 세상과 상대하란 말인가. 세상과 맞서서 헤쳐 나갈 수 있을 때까지는 책임을 져야 한다. 그 아이는 엄마 없는 세상에서 어떻게 설 수 있겠는가. 자립할 수 있는 나이까지는 부모가 있어야 한다. 아니면 세상이 그리 만만하지 않다. 홀로 남겨진 세상은 암흑이고 거친 바다이기 때문이다. 그 아이의 미래를 누가 책임질 것인가.

안개

안개는 쓸쓸한 분위기도 만들고 신비한 분위기도 만든다. 저 산 너머에 누가 살고 있는지 궁금하듯, 산자락에 너울대는 안개나 계곡에 피어오르는 물안개를 보면, 또 다른 신비한 세상이 있을 것 같은 상상을 한다.

오래전 친구들과 고향에 갔다. 갈 때는 영동고속도로에서 바라보는 산골짜기마다 낮게 드리운 구름이 시폰 커튼자락을 펼쳐놓은 듯 신비한 풍경을 우리는 함께 바라보며 감탄했다. 돌아오는 길에는 대관령 즈음에서 안개를 만났다. 대관령휴게소에 도착하자 날이 어두워지기 시작한 데다 안개가 자욱하게 내려와 한 치 앞이 보이지 않았다. 휴게소 주차장은 안개에 덮여 앞사람의 발이 보이지 않을 정도였다. 둥둥 떠다니는 듯 더듬거리며 화장실을 다녀서 차로 돌아왔는데 옷자락과 머플러에 안개가 묻어왔는지 몸과 마음이 눅눅했다.

출발은 했는데 앞에 가던 차가 어느 순간 시야에서 사라지고 미등조차 보이지 않았다. 갑자기 우리가 타고 가는 차는 고속도로에서 안개에 묻혀버린 것이다. 앞에도 뒤에도 불빛 하나 보이지 않았다. 친구들은 운전하는 친구에게 천천히 가자는 말만 되풀이했다. 고속도로에서 짙은 안개에 휩싸일 때는 어둠 속에서보다 더 두렵다는 것을 경험했다. 어둠은 칠흑 같아도 먼 거리까지 신호가 보이지만, 안개 속에선 속수무책으로 앞이 몽롱했다. 짙은 안개 낀 도로는 앞은 물론 사방이 전혀 보이지 않고 갑자기 길들이 모두 지워져버린 것 같았다. 그런데 그 순간 시 한 편이 생각났다. 중학생 때부터 좋은 시를 보면 노트에 적어두고 가끔씩 읽어보곤 했었다. 그중에 '헤르만 헤세(Hermann Hesse - 1877~1962)'의 〈안개 속에서〉라는 시가 떠올랐던 것이다.

안개 속을 거니는 것은 신비롭도다.
덤불도 돌도 쓸쓸해 보이고
나무도 서로 보지 못하니
모두가 혼자로다.
  (중략)
이 어둠을 모르는 사람은
정말 지혜롭다 할 수 없다.

인생은 쓸쓸한 존재
아무도 서로를 알지 못하니
모두가 혼자로다.

 안개는 달콤하고 야릇한 분위기를 느끼게도 하지만, 때로는 악마 같은 존재이기도 하다. 공항에서는 안개로 인해 비행기의 이착륙이 불가능하거나 사고를 유발할 수도 있다. 가끔 고속도로에서는 다중추돌이 일어나기도 한다.
 친구 남편은 경기도 어느 산동네에 출장을 갔다가, 물안개가 자욱한 계곡이 무척 아름다워 그곳에 농가 한 채를 샀다고 한다. 퇴직 후에 맑은 물이 흐르는 계곡에 피어오르는 물안개를 바라보며 살겠다는 생각에서였다고 한다. 덕분에 우리 친구들은 가끔 그곳 농가에 가서 하룻밤 머물다오기도 한다. 그곳에서 우리는 안개를 만나지는 못했지만, 노후에 하얀 머리를 쓸어 넘기며 안개를 마중할 친구 부부의 멋진 아침 풍경이 그려지기도 했다.
 내가 아는 어떤 이는 여행을 떠날 때마다 유언장을 써놓는다고 한다. 안개 때문에 앞이 보이지 않듯, 사람의 일도 한 치 앞을 내다 볼 수 없어서 그럴 것이다. 그렇게 얼마를 달려서 산간지방을 벗어나자 어느 순간 안개가 사라지고 밝은 도로가 나타나고 앞에 가는 차들이 보이기 시작했다. 가슴 졸이며 무사히 갈 수 있기만을 기도했던 자신을 발견하고 고소(苦笑)를 금치 못했다. 이토록 짓궂은 안개도 햇빛에는 견디지 못하고 금방 사라져버린다. "우리의 인생은 피었다 지는 들의 꽃과 같고 금방 사라지는 아침 안개와 같은 존재"라며 성경에서 꽃과 안개에 비유한 것도 이 세상에 잠깐 머무는 생명에 대한 아쉬움을 말한 것이리라.

언젠가 읽은 적이 있는 문태준 시인의 〈시를 말하다〉라는 글에서, 헤세는 〈안개 속으로〉에서 외롭고 쓸쓸한 심사를 노래하며, 개개인의 존재를 돌아보게 한다고 했다. 안개는 죽음처럼 몰려오고 있지만, 이 시를 자꾸 읽으면 안식 같은 것을 안겨준다고 했다. 나도 그래서 이 시를 좋아하게 되었나 보다.

때로는 안개가 세상으로부터 나를 숨겨주기도 하고, 자신을 뒤돌아볼 겨를도 없이 정신없이 살아온 나를 발견하게도 하리라. 헤세가 느꼈던 인생의 쓸쓸함 속으로 걸어가 보자. 그 속에서 참다운 나를 만나게 될지도 알 수 없는 일이다.

양심 거울

늘 다니던 골목길에 그동안 없었던 '양심 거울'이 달려있다. 누군가 전봇대에 볼록거울을 달아놓고 양심거울이라고 써놓은 것이다. 인터넷에 올라온 엽기적인 사진 속에서 양심거울과 널린 쓰레기를 보고 웃었던 적은 있지만 직접 보기는 처음이라 멈추어 섰다.

그곳은 주변 사람들이 상습적으로 쓰레기를 버리는 장소였다. 담벼락엔 "쓰레기를 무단 투기하면 100만 원의 과태료를 물린다."는 경고문도 있다. 거울을 들여다보던 나는 실소를 금할 수가 없었다. 양심거울이란 이름이 무색하게도 검정 비닐봉지에 담은 쓰레기가 수북하게 쌓여있는 광경이 거울 속에 고스란히 들어와 있었기 때문이다.

골목에 있는 양심거울은 쓰레기를 버리기 전에 자신의 양심을 비춰보라고 호소하고 있다. 아무도 모르게 한 행동이라고 해도 자신은 알고 있지 않은가. 하지만 양심거울을 아무리 많이 설치해 놓고 호소한들, 양심과 함께 쓰레기를 버리는 사람들에게는 소용이 없다. 며칠 사이에 양심거울을 다른 곳에서도 보았다. 거울은 개인이 달아 놓은 게 아니라 구청에서 설치한 것으로 보였다. 그런데 양심거울을 비웃기라도 하듯 검정 비닐봉지의 쓰레기와 깨진 화분, 커다란 가방도 버려져 있다. 여기저기 쓰레기가 된 양심이 뒹굴고 있었다. 거울 속에는 엉거주춤 서서 씁쓸하게 웃고 있는 내가 머리부터 발끝까지 보였다. 만약 양심이 보인다면 나는 어떤 모습일까?

양심은 우리 내부에 살고 있는 보이지 않는 신(神)이라고 말하는 종교도 있다. 사람마다 양심거울 하나씩 몸에 지니고 있다면 어떨까. 자신의 마음을 비추어 선인지 악인지 구별해주는 거울이 있다면 몇 사람이나 그런 거울을 지니기를 원할까. 모든 사람이 의무적으로 지녀야 한다면 깨끗하고 아름다운 세상이 될까? 그렇다고 말하기에는 자신이 없다. 나 역시 안 되는 줄 알면서도 잘못을 저지를 때도 있기 때문이다.

몇 해 전 런던에서 했던 어떤 행동 후에 깨진 유리창 이론을 실감했다. 딸이 결혼하기 전 런던으로 함께 여행을 갔다. 런던에는 시동생 가족이 살고 있어서 머물기에 편안한 곳이라 선택한 여행지였다. 여행 첫 날 조카와 셋이 시내 구경을 나갔다가 헤롯백화점 앞에 다다랐다. 쇼핑

할 계획은 없었지만 들어가 보기로 했다. 그런데 마시던 음료수 컵을 들고 들어갈 수 없었고 버릴 수 있는 휴지통도 찾지 못했다. 우리는 누가 먼저랄 것 없이 옆 건물 창문 밖에 빈 컵 하나가 놓여있어서 그 위에 세 개를 포개어 올려놓았다. "나올 때 가져가면 되지 뭐."라고 내가 말했다. 우리는 함께 낄낄대면서 조카를 따라 사람들 속으로 들어갔다. 고가의 상품들을 눈요기만 하고 나와서 컵을 놓아둔 곳으로 갔다. 한 시간 남짓 지났을까? 그 사이 거기엔 많은 빈 컵들이 켜켜이 쌓여 있는 것이 아닌가. 휴지 한번 함부로 버린 적 없다고 말했던 나였지만 어쩌지 못하고 그냥 돌아서고 말았다. 참으로 황당했던지라 몇 년이 지났지만 잊히지 않는 일이다.

'깨진 유리창 이론'은 미국의 범죄학자인 제임스 윌슨과 조지 켈링이 1982년 처음 공동으로 발표한 글에, 깨진 유리창 하나를 방치해 두면 그 지점을 중심으로 범죄가 확산되기 시작한다는 이론이다. 사소한 무질서를 방치하면 큰 문제로 이어질 가능성이 높다는 의미를 담고 있다. 깨끗이 치워놓은 골목 구석에 누군가 쓰레기 봉지를 던져 놓으면 그 다음부터는 아무렇지도 않게 너도나도 쓰레기를 버리게 된다. 특히 주말이면 규격 봉투에 담지 않은 쓰레기가 어느 집 담장 밑이나 전봇대 아래 수북하게 쌓여있는 것을 볼 수 있다.

지난해 우리 집 골목 입구에 있는 전봇대 아래에도 쓰레기가 쌓이기 시작했다. 이웃에 원룸 건물이 몇 채 들어선 뒤부터였다. 골목 안쪽에 사는 부부가 지저분하고 냄새 때문에 못 참겠다면서 "이곳에 쓰레기를 버리면 삼대가 망한다."는 보기에도 섬뜩한 경고문을 붙이고 구청에 신고도 하고 한동안 시끌벅적했다. 가끔 구청에서 깨끗이 치워갔지만 하룻밤 지나면 또다시 쌓여있다. 하루는 외출에서 돌아오는데 그 부부는 커다란 화분 몇 개를 전봇대 주위에 놓고 화초를 심고 있었다. 그리고 아침저녁으로 물을 주며 가꾸었다. 그 후부터 우리 집 골목 입구에는 쓰레기가 사라졌다. 삼대가 망한다는 경고문도 자연히 없어졌다. 금년에는 접시꽃, 나팔꽃, 분꽃, 채송화, 금잔화 등 갖가지 식물들이 끊임없이 꽃을 피우고 있다. 꼭 고향집 화단을 보는 것 같다. 꽃으로 인해 이웃사람들과 인사도 주고받으며 대화도 나눈다.

금년엔 쓰레기를 상습적으로 버리던 담장 아래나 전봇대 주변에 튼튼하게 만든 화분에 하얀 꽃 마가렛을 심었다. 아마 구청에서 한 것 같다. 주말이면 엄청나게 쌓이던 쓰레기가 서서히 줄어들고 있다. 자기 집 앞에 내어놓아도 되고, 멀지 않은 곳에 재활용 정거장이 있는데도 남의 집 담장 밑에 던져놓던 얌체족들이지만, 꽃밭에는 차마 쓰레기를 버릴 수가 없나 보다.

〈해님과 바람의 내기〉라는 이솝우화가 생각났다. 해님과 바람이 누가 지나가는 나그네의 웃옷을 벗길 수 있을까 내기를 했다. 바람은 강한 힘으로 나그네를 날려버릴 듯이 힘껏 불었지만 나그네는 더욱더 옷을 여미어서 벗길 수 없었다. 해님은 쨍쨍 햇빛을 내려 보냈다. 그러자 나그네는 아이 더워하면서 웃옷을 벗어들었다.

유능제강柔能制剛, 부드러움이 강함을 이긴다는 말이 있다. 그 어떤 경고문보다 꽃을 가꾸는 손길의 위대함을 보고 있다. 쓰레기 쌓이는 곳에 양심거울도 좋지만, 마음에 꽃 한 송이씩 가꾸면 어떨까.

어떤 인연

1. 고향을 떠나다

엄마가 병이 나셨다. 부지런한 엄마 때문에 기를 펴지 못하던 풀들은 이때다 싶은지 밭고랑이나 둑을 모두 차지해버리고 말았다.

늦은 봄 어느 날, 저녁노을은 서쪽하늘을 물들이고, 살랑대는 바람은 보리밭 이랑에 넘실거렸다. 바람에 출렁이는 보리밭은 한 폭의 그림이었다. 나도 그림 속의 한 점이 되어 봄바람을 즐기면서 괭이로 흙을 뒤집어주며 풀을 골라내고 있었다. 봄바람에 맨살을 간질여주는 얇은 블라우스의 부드러운 촉감이 싫지 않았다. 머리카락을 흩날리면서 괭이질을 하고 있을 때 공군 헌병 두 명이 다가왔다. 비행장이 가까이 있는 탓에 군인들을 보는 것은 가끔 있는 일이었지만, 헌병은 호감이 가지 않았다. 각이 지도록 손질한 군복을 입고, 군화 신은 발을 옮길 때마다 바지의 아랫단에서는 쇠구슬 소리가 들렸다. 더구나 권총을 소지했기 때문에 거부감이 앞섰다. 그들은 마을 청년으로부터 나를 소개받았다면서 아는 체를 했다. 그러거나 말거나 본체만체하며 하던 일만 계속하자, 한 사람은 신학대학을 다니다가 입대했다고 하면서 자기소개를 한다. 그 무렵 나는 마을 개척교회에 나가고 있던 참이라서 신학생이라는 말에 조금은 긴장을 풀었다.

심심풀이로 산골 아가씨를 보려고 왔던 신학생 헌병은, 엄마가 병석에 계신 것을 알고는 가끔 건빵과 사탕봉지를 들고 방문했다. 건빵은 사병의 몫으로 나오는 것이고, 사탕은 피엑스에서 사온다고 했다. 건빵은 동생 몫이고, 사탕은 누워 계신 엄마 몫이었다. 입맛이 없어 하던 엄마는 새콤달콤한 과일 맛 나는 사탕을 좋아하셨다. 그는 올 때마다 엄마의 쾌유를 위해 기도했다. 기도를 한 후에는 적적한 우리 집과는 대조적으로, 본인은 아홉 남매라면서 자기 집 형제들 이야기를 하며 엄마를 미소 짓게 하고 돌아갔다. 교회에서 아이들에게 동화나 성경을 읽어주는 봉사를 하던 나는 신학대학을 다니다 입대한 그 헌병을 전도사님이라고 불렀다. 그런 호칭은 남자와 여자의 관계이기를 거부하는 방패로 적절하다는 생각이 들었다.

엄마는 적적한 집안에 가끔이지만 건장한 청년이 나타나서, 기도하고 재미난 이야기를 하여 웃기기도 하는 그가 오면 좋아했다. 차츰 입맛을 되찾고 기운을 차렸다. 건빵과 사탕만 가지고 온 것이 아니라, 그는 희망도 함께 가지고 왔었나 보다. 병석에서 일어난 엄마는 그가 오면 반갑게 맞이하고, 군인은 언제나 배고플 거라면서 때로는 음식도 차려주었다.

얼마 후에 그 헌병은 다른 지역으로 전출을 갔고, 엄마는 명을 다했는지 결국엔 영영 오지 못할 곳으로 떠나고 말았다. 다른 곳으로 간 후에 꾸준히 편지를 보내는 그에게, 나는 엄마의 소식을 전하면서 그동안 따뜻하게 대해 주어서 고마웠다는 편지를 보냈다. 엄마가 돌아가셨다는 내 편지를 받은 그는, 처음으로 하나님이 불공평하신 분이라고 원망했다는 답장을 보내왔다. 곧 제대를 하게 될 것이며 제대를 하면 나와 동생의 보호자가 되겠다는 뜻을 전해왔다. 어쨌든 나에게는 처음 이성으로 다가온 사람이었지만, 그 후부터 소식을 끊었다. 그의 호의는 고맙지만 받아들일 마음의 준비가 되어 있지 않았다. 엄마를 보낸 그 즈음엔 이성을 가까이한다는 것은 상상도 할 수 없었다, 어느 누구의 관심조차도 싫었다. 어딘가로 꼭꼭 숨어 버리고만 싶었다. 고향을 떠나 서울에 온 이십대의 나는 동생과 거대도시 속에 묻혀서 살았다.

2. 자전거 타고 찾아 온 사람

두 아이의 엄마가 되었다. 여름 휴가철이 되면 항상 바다가 있는 고향으로 간다. 하늘과 바다, 목덜미를 스치는 바람은 물론 따가운 여름 볕도 고향이기에 정겨웠다. 남편과 아이들도 아내의 고향, 엄마의 고향을 좋아했다. 서울토박이인 남편과 아이들이 고향의 품에 안긴다는 기분을 느끼는지는 알 수 없지만 행복해했다. 어느 해 남편과 아이들은 경포바닷가에서 놀고 있는 동안, 나는 외숙모님을 뵈러 살던 동네로 갔다. 외삼촌과 외숙모님은 부모님 돌아가시고 난 후, 그 빈자리를 채워주던 따뜻한 분들이었다. 외숙모님은 나를 보자말자 의미심장한 웃음을 지으며 추녀끝에서 꼬깃꼬깃하게 접힌 한 장의 메모지를 건네주셨다. 일 년 동안 외갓집 추녀끝에 꽂혀있던 메모지에는 놀랍게도 헌병이었던 전도사의 이름과 전화번호와 교회 주소가 적혀 있었다. 외숙모님 앞에서 나는 담담한 척했지만 가슴이 두근거렸고, 외갓집을 나서는 발걸음은 허공을 딛는 것 같았다. 남편에게는 말하지 않았다. 남편은 내 아픈 시절까지 아끼는 사람이다. 그런 남편에게 비밀이 생긴 여자가 된 것이다. 하지만 그 비밀은 그리 오래가지 못했다. 혼자 마음속에 담아두기보다는 나도 한때는 인기 있는 여자였다는 자랑을 하고 싶었나 보다. 지금은 목회자가 된 그 사람에 대해 이야기했다.

  그해 겨울쯤에 메모지를 찾아서 전화를 했다. 수화기를 통해 들려오는 목소리는 약간 쉰 목소리의 탁한 중년의 음성이었다. 처음 내 앞에 나타났을 때의 앳된 헌병 모습을 떠올려 보았지만 잘 연상이 되지 않았다. 내가 소식을 끊어서 부모님이 정해준 사람과 결혼하게 되었다는 말을 했지만 흘려들었다. 그분은 부인과 초등학생인 두 아들이 있고 서울에서 목회를 한다고 했다. 강원도 속초에서 목회자 세미나가 있어서 갔다가 세미나를 마치고, 일행과 헤어져서 강릉에 와서 비행장 부근 농가에서 자전거를 빌려 타고, 내가 살던 동네로 갔다고 한다. 마을 입구에서 처음 만난 사람에게 내 이야기를 했는데, 그분이 마침 나의 외사촌 오빠였다고 한다. 쉽게 외갓집을 찾을 수 있었다고 자랑을 했다. 시골은 얼마든지 그럴 수 있다.

그 후 몇 번 만나자는 연락을 받았지만 나는 사양했다. 전화통화로 소식을 들어서 궁금증은 풀렸으니까, 굳이 만날 이유는 없었다.

3. 어떤 인연

결혼 후, 나는 사정이 있어서 신앙생활을 할 수 없었다. 결혼 삼십 년쯤 지난 후 다시 교회에 나가게 되었다. 그 교회에는 준수한 외모에 테너가수 못지않은 실력으로 찬송을 은혜롭게 부르는 젊은 부목사가 있었다. 새 신자 가정 방문 예배 때 우리 집에 와서 축복기도를 해 주었다. 일 년쯤 지났을 때 그분은 미국 유학을 준비하기 위해 교회를 떠났다. 유학을 떠난다니 본인을 위해서는 잘된 일이기는 하지만 어쩐지 나는 서운했다. 오랫동안의 공백 기간은 낯선 교인들과 대화의 문을 열기에 어려움이 있었다. 그런데 그 부목사님이 새신자인 나에게 관심을 갖고 챙겨 줄 때가 많았다. 그래서인지 서운함은 통상적인 아쉬움 이상이었다.

어느 날 한통의 전화를 받았다.

"그 교회 김○○ 목사 아시죠?"

"그럼요. 우리 교회 부목사님인데 몇 달 전 유학을 갔는데요."

"걔가 제 큰아들입니다."

서울은 넓고 교회도 많다. 우리 집에 와서 기도해 주었던 그분이, 그 옛날 공군 헌병이었던 전도사의 장남이라니. 교인 중에서 나를 찾아보라는 부탁을 여러 번 했는데도 도무지 말이 없더니 미국으로 떠나던 날

"아버지가 찾던 분이 신앙생활 잘하고 있습니다."

라고 했다는 것이다.

부목사는 알면서 왜 말하지 않았을까? 그런데 떠날 때 말을 한 이유는 무엇일까? 숨어서 엿보는 누군가에게 들킨 것 같은 기분이 들었다. 혹시 교회에서 내 행동과 언사에 경망함은 없었는지 돌아본다. 떠나기 전에 미리 알은체하지 않은 데 대한 아쉬움과, 모른 체해준 데 대한 고마움이 교차했다.

피천득 선생님의 〈인연〉처럼 "세 번째엔 아니 만났어야 좋았을 것이다."라는 생각을 하고 있는지도 모르겠다. 결국 알은체 하지 않은 부목사의 선택이 옳았다는 생각이 앞선다. 엄마와 내가 힘들었을 때, 가끔 찾아와 기도로 정신적인 도움을 주었던 헌병 신학생으로 기억하고 감사한 마음을 간직하고 살리라.

음악으로 하나되다

지금까지 살면서 나에게 힘이 되고 도움이 되었던 것 중 한 가지는 음악이라고 말할 수 있다. 음악을 들으면 행복하고, 신이 나고, 따뜻해지고, 기분이 차분하게 가라앉기도 하지만, 때로는 슬픔을 부추기기 위해서도 음악을 듣는다. 펑펑 울고 나면 가슴이 후련해지기 때문이다. 정화되는 기분을 느낀다. 그래서인지 음악과 관련된 추억 몇 가지는 시간이 지나도 더 새롭게 다가온다.

몇 해 전, 유럽여행 중에 있었던 일이다. 독일 라인강에서 유람선을 탔다. 주변 경관의 아름다움에 흠뻑 취한 채 즐기고 있을 때, 우리 일행은 일정에 따라 중간 선착장에서 하선해야 하므로 준비하라는 안내방송이 있었다. 뒤이어 일행 중에 가장 연장자였던 H 선생 목소리가 들렸다.

"곧 로렐라이 언덕을 지납니다. 한국인들은 노래 〈로렐라이 언덕〉을 다 같이 부르겠습니다." 그때 익숙한 멜로디 〈로렐라이 언덕〉이 흘러나왔다. 내릴 준비를 하고 서있던 우리는 "옛날부터 전해 오는 쓸쓸한 이 말이……"하며 노래를 불렀다. 하이네의 시를 우리말로 번역한 가사였다. 전설 속의 장소를 지나면서 그 노래를 부르는 순간은 참으로 드라마틱했다. 그 때 배 안의 카페에서 와인과 음료를 즐기던 외국 여행객들이 잔을 들어서 환호를 보내주었다.

라인강 유람선에서 노래를 불렀던 일은 나만이 아니라 함께했던 사람들의 기억에 오래도록 남아있을 것이다. 배에 있던 사람들이 즐거워하며 우리에게 보내주던 따뜻한 미소와, 중간 선착장에 다 내릴 때까지 손을 흔들어 주던 광경이 눈에 선하다. 인사를 주고받지 않아도, 마음을 열고 친구가 될 수 있는 것이 음악이다. 음악은 세계인들이 마음으로 주고받는 하나의 공통된 언어라고 생각한다. 음악이 있으므로 사람들 사이에 벽이 없어진다면 이 세상은 얼마나 아름다워질 것인가. 한 곡의 노래로 순간에 활기를 불어넣어주기도 하고, 따뜻한 마음을 주고받게도 하는 음악, 음악은 사람이 살아가는 동안 우리 곁에서 결코 사라져서는 안 될, 사라지지 않을, 사라질 수 없는, 가장 소중한 예술 가운데 하나가 아닌가.

어느 해 파주 임진각 평화누리공원에서 8·15 기념음악회가 열렸다. 딸이 공연티켓을 준비했다고 하여 야외에서 열리는 공연장에 함께 갔다. 오케스트라의 지휘자는 '다니엘 바렌보임', 연주자들은 중동, 이스라

엘의 젊은 음악인들로 구성된 '웨스트이시턴 디반 오케스트라'였다. 지휘자 다니엘 바렌보임은 중동 분쟁의 중심지인 이스라엘과 팔레스타인 두 나라의 국적을 모두 가진 독특한 이력의 소유자였다. 그는 전 세계의 테러 위험 지역이나 분쟁 지역을 찾아다니며 음악으로 평화의 메시지를 전하는 사람이었다. 그래서 우리나라의 DMZ 평화누리공원에서도 음악회를 열게 된 것이다. 위험한 지역도 가리지 않고 평화를 위한 곳이라면 찾아다닌다. 이들의 연주회는 음악의 기적으로 평가 받아오고 있었다.

평화의 전령사로 알려진 다니엘 바렌보임이 임진각 평화누리공원에서 음악으로 평화의 메시지를 전한다는 것은, 클래식 팬이 아니더라도 관심을 갖기에 충분했다. 나는 음악에 대한 조예가 깊지 않지만 좋아하는 곡은 있다. 그날 연주곡은 내가 좋아하고 즐겨듣는 베토벤 〈교향곡 제9번 합창〉이었다. 베토벤이 30년이 넘게 작업한 역작, 곡이 완성될 즈음에는 거의 귀가 들리지 않았다고 하던가. 이 교향곡의 4악장 〈환희의 송가〉에는 합창과 독창이 삽입되어 웅장함을 더한다. 합창단은 130여명, 독창은 세계적인 소프라노 조수미였다. 조수미의 맑고 투명한 목소리가 공연장에 울려 퍼졌다. 조용히 감상하던 나는 내가 가장 좋아하는 〈환희의 송가〉가 시작되자 저절로 손과 발이 움직이며 박자를 맞추고 있었다. 임진각 평화누리공원에 울려 퍼진 평화를 기원하는 소리. 관객들은 웅장하고 환상적인 하모니에 압도되어 아낌없는 박수를 보냈다. 다니엘 바렌보임이 지휘하는 오케스트라의 연주는 임진각을 찾은 사람들을 감동시켰고, 그 순간은 평화와 통일을 염원하는 마음이 가슴에 가득했다. 바렌보임은 "음악이란, 폭력과 추악함에 대항하는 최고의 무기"라고 말했다.

오케스트라의 연주는 그 소리만으로도 임진각을 찾은 관객 1만여 명의 마음을 적시기에 충분했지만, 더 깊은 감동은 분단의 상징인 임진각에서 오케스트라가 남북이 하나되기를 바라는 연주를 했다는 것이다. 교향곡〈합창〉의 노랫말 중에는, "… 가혹한 현실이 갈라놓았던 자들을, 그리고 모든 인간은 형제가 되노라. … 모든 사람이여 서로 포옹하라, 전 세계의 입맞춤을 받으라…." 어둑한 8월의 밤하늘, 다니엘 바렌보임이 지휘하는 오케스트라의 연주와 합창단원의 합창, 그리고 조수미의 독창이 한 줄기 바람에 실려, 북쪽과 남쪽을 구분하지 않고 멀리 퍼져 나갔다. 하나된 울림이 있었다.

임진각 평화누리공원에서 열린 '평화콘서트'는 평화의 메시지를 전 세계를 향해 전하고자 했다. 야외공연장에서 많은 이들이 환호하던 특별한 밤이었다. 그날을 생각하면 지금도 가슴이 설레고 두근거린다.

탱자나무 울타리

국립중앙도서관과 교보문고, 그리고 조선일보가 공동주관하는 〈길 위의 인문학〉, 강화 교동도 '연산군 유배지'에 역사 탐방을 떠나는 날은 늦은 가을이었다. 출발할 때부터 찌푸린 날씨 탓인지 어둡고 음산했다. 선착장에 도착하자 비까지 추적추적 내렸다. 이른 시간에 출발했는데도 교동도로 가려는 사람이 많아서 버스는 승선하지 못했다. 비옷을 입고 찬비를 맞으며 교동읍성을 향해 걸어가는 일행의 발걸음은 처량하고 무거워 보였다. 어디선가 〈히브리노예들의 합창〉이라도 들려올 것 같은 기분이었다.

귀양이라 하면 흉악한 중죄인들에게만 해당하는 줄 알았던 적이 있었지만 꼭 그렇지만은 않다. 귀양을 간 죄인들 중에는 문장에 능하고 윤리

관이 투철한 선비들도 많다. 유배지에서 그들이 지은 글과 시는 주로 그리움, 기다림, 외로움, 막연한 미래 등이었다. 그 지역에서 일어난 수많은 사연과 정보를 그곳 주민들보다 귀양 간 사람들이 남긴 글을 통해 세상에 알려지기도 했다. 더러는 귀양지에서 풀려나지 못한 이들도 있었고, 사면되어 높은 벼슬에 오른 이들도 있었다는 것을. 서울중앙도서관에서 역사 강좌를 들으면서 알게 되었다.

그러나 예외가 있었다. 위리안치圍籬安置는 죄인이 바깥에 다니지 못하도록 가시울타리 안에 가두는 형벌이다. 도둑과 산짐승의 침입을 막기 위해 심었던 날카로운 가시가 촘촘한 탱자나무, 그 울타리 안에 가두어 두는 형벌이 조선에서 처음 시행된 것은 연산군이 임금이었을 때였다. 연산군은 갑자사화에 연루된 젊은 관리를 절해고도絶海孤島에 보내면서 위리안치하도록 명했다. 그러나 불과 2년 뒤, 연산군 자신도 같은 신세가 되었다. 중종반정으로 쫓겨난 연산군은 강화 교동도의 한 작은 마을 탱자나무 울타리 안에 갇히게 된 것이다.

어느 해 사천 목睦가인 남편을 따라서 중앙종친 재실이 있는 도봉구 방학동에 갔다가, 연산군과 부인 신씨의 묘에 가 본 적이 있다. 연산군은 사후 6년 동안 교동도에 묻혀 있었다. 그러나 부인의 요청으로 시신을 지금 있는 곳 도봉구 방학동으로 옮겨서 묘소를 만들었다. 연산군에 대해 관심을 갖게 된 것은 그때부터였다.

한참을 걸어서 연산군이 귀양살이했던 곳에 도착했다. 집터였다고 하는 묵정밭에는 시들은 잡초가 주인 행세를 하고, 밭 아래는 네모난 돌을 차곡차곡 쌓아올린 우물이 있었다. 몸통이 꽤 굵은 나무 한 그루가 우물 중간쯤에 뿌리를 내린 채 죽어있었다. 우물 위에는 위험 방지용 가시철망이 쳐져 있었다. 언제부터 있었던 우물이었는지 알 수는 없다고 한다. 그러나 우물이 있음으로 집터였음을 짐작할 수 있을 뿐, 연산군이 위리안치당했던 흔적을 찾아볼 수는 없었다. 500여 년 전 흔적은 허물어지고, 깎이고, 낡고, 시들고 사라져 갔다. '연산군구저지燕山君舊邸址'란 표석과 빛바랜 안내판이 서있었다. 해설사로 동행하신 안대희 교수는, 죄인을 관리하려면 관아에서 가까운 곳이어야 하고, 이곳이 관아에서 가까운 곳이기에 연산군의 구저지로 추정한다고 했다. 위리안치란 형벌을 자신이 만들고, 그 형벌을 그대로 받아야 했던 연산군의 마지막 삶을 짐작해본다.

 연산군은 방탕한 생활로 인해 임금 자리에서 쫓겨났다. 또 다른 이유는 그가 음풍농월을 즐겼기 때문이다. 시 짓기를 좋아하고 신하들에게도 시를 짓게 하고 이를 빌미로 신하들을 괴롭혔다. 주로 나긋나긋한 시를 짓고, 춤추고 노래하며 기생들과 놀기를 즐겼다니, 임금이 아니고 평범한 선비였다면 그처럼 엄청난 잘못을 저지르지는 않았을 것이란 추측을 해본다.

 오랜 세월이 흘렀기 때문인지 일시적으로 생기는 연민의 감정은 어쩔 수 없었다. 어머니 윤씨가 사약을 마시고 죽지만 않았더라면, 그렇게 포악한 임금은 되지 않았을지도 모른다. 연산군이 어머니의 죽음을 알게 되면서 받은 충격을 짐작해 보면 그는 상처받은 영혼이었다. 연산군을 교동에 위리안치하고 돌아온 자가 보고한 바에 의하면, 연산군은 위리

안에 들어가자마자 "나 때문에 멀리 오느라 수고하였다. 고맙고 고맙다." 했고, 시녀들은 모두 목놓아 통곡을 했다고 한다. 죽을 때 마지막 남긴 말은 "아내가 보고 싶다."라고 했다는데, 그 말은 연산군의 본심이었을 것이다. 죽음을 눈앞에 둔 사람은 솔직해진다고 하지 않는가. 백수십 편의 시를 남긴 연산군은 왕이 되지 않았더라면 당대에 알려진 시인이 되지 않았을까.

죄인을 귀양살이하는 곳에서 달아나지 못하도록 가시로 울타리를 만들고 그 안에 가두어 두는 가혹한 형벌인 위리안치는, 연산군이 처음으로 시행한 임금이라니 아이러니하지 않은가. 결국 연산군은 역병을 앓다가 귀양간 지 석 달 만에 31세의 나이로 숨을 거두었다. 대궐에서 흥청망청 방탕한 생활에서, 어느 날 갑자기 탱자나무 울타리에 갇혀서 개구멍으로 들여 주는 밥을 먹으며 지내려니 병이 나지 않고는 배겨나지 못했을 것이다. 아내가 보고 싶었던 그는 어쩌면 고독사였을 것이라고 나름대로 짐작해 본다.

위리안치는 관계의 단절을 의미한다. 어울려서 살아야 할 사회적 동물인 사람을 가시울타리 안에 가두고 밖으로는 한 발짝도 나가지 못하게 막은 것은, 누구와도 소통할 수 없음으로 인한 단절이 주는 외로움이 얼마만큼 고통스러운 일인가? 사람에게 희망이 끊어지면 결국 죽음에 이르고 만다. 난폭하고 포악했던 연산군이지만, 탱자나무 울타리 안에 갇혀 통곡했을 그의 마지막을 생각하니, 짠한 감정이 가을비처럼 차갑게 가슴을 적신다.

터널은 출구가 있다

대로는 짧고 때로는 긴 터널을 지나왔다.

어릴 때 집 가까이 기찻길이 있었다. 그때는 하루 한두 번씩 화물차만 지나가고, 주로 사람들이 걸어 다니는 길이었다. 어른들을 따라서 사십 리 철길을 걸어서 간 적이 있다. 걷다 보면 터널이 몇 군데 있었다. 당시 어른들은 터널을 굴窟이라고 했다. 철길 위로 가는 길이 있고 철길 아래에도 길이 있지만 많이 돌아서 가야 하기에, 사람들은 지름길인 기차 굴로 왔다는 말을 하고는 했다. 굴은 두 종류가 있다. 동물들이 살고 있는 굴이나, 자연적으로 생긴 동굴은 끝이 열린 곳보다 막혀있는 곳이 많지만, 기차나 버스가 통과하기 위해 사람이 만든 굴은 반드시 끝이 열려 있다. 어렸을 때 바깥세상과 단절된 캄캄한 터널을 가려면 무서운 생각이 들었다. 하지만 곧 출구에 다다른다는 사실을 알고 있었기 때문에, 두려움을 참고 침목을 밟으며 묵묵히 걸어갈 수 있었다. 만약 출구를 찾을 수 없는 굴속을 무작정 걸어야 했다면, 그 속에서 좌절하고 주저앉았든가, 앞으로 걷기를 포기하고 입구로 되돌아 나오고 말았을지도 모른다.

살던 집을 헐고 신축하려고 공사 중이던 때였다. 어느 날 밤 꿈속에서 기찻길을 따라 걸어가다가 터널 안으로 들어갔다. 애들 때 다니던 그 터널이었다. 어둡고 칙칙했다. 바닥엔 침목과 철로가 놓여있고 자갈이 깔려 있었다. 한발 두발 조심스레 걷고 있는 철길 가운데에 오물 무더기가 가로막았다. 꿈속에서도 오물을 밟지 않으려고 터널 벽 쪽으로 붙어서 걸으려고 애를 쓰다가 잠을 깼다. 그날 공사장에서 앞집 주인과 인부들이 다투고 있다는 연락을 받고 달려갔다. 인부들이 실수로, 담장을 사이에 둔 앞집의 유리창과 PVC 홈통을 파손했다고 한다. 파손된 곳을 서둘러 원래대로 고쳐놓으려고 하자, 주인은 고치지 못하게 하는 것이었다. 이유는 그 파손된 현장을 증거로 민원을 제기하려는 의도였다.

공사 중에 구청에 민원이 들어가면, 공사가 끝나도 준공허가가 나지 않는다. 앞집 주인은 파손된 부분을 증거로 민원을 제기했고, 어떤 이유에서인지 대화도 마다하여 해결방법을 찾을 수 없었다. 우리는 완공 후에도 별수 없이 준공허가를 받지 못한 채 입주하여, 무허가 주택에 살 수밖에 없었다. 새로 지은 집에 입주하여 기뻐해야 할 우리는, 그럴 수가 없었다. 자신의 재산에 대해 권리를 행사할 수 없을 뿐만 아니라, 어처구니없는 일도 겪어야 했다. 법은 도대체 누구를 위한 법인가. 참으로 답답하고 곤혹스러웠던 시기였다.

그렇게 이태쯤 지나가자, 정권이 바뀌고 정부정책도 바뀌었다. 이웃과의 민원으로 인해 준공허가를 받지 못한 건물 중에서, 건축법을 위반하지 않은 건물은 민원과 상관없이 준공허가를 내 주도록 했다. 우리는 아무런 걸림 없이 바로 준공허가를 받았다. 하늘이 무너져도 솟아 날 구멍이 있다는 말은 실감났다.

그 일을 겪는 동안, 그날의 꿈을 수도 없이 돌이켜 보았다. 꿈속에서 바늘 구멍만 한 빛이라도 들어오는 출구를 보았는지 기억을 더듬어보았다. 꿈에서 돌파구를 찾고 싶었다. 지푸라기라도 잡고 싶은 심정으로 꿈에 집착했다. 꿈속에서 예전에 다니던 터널에 들어갔다는 것은 출구가 있다는 희망을 갖게 했다. 꿈속에 걸었던 터널은, 바로 앞집과 얽힌 일들의 예시 같다는 생각이 들었기 때문이다. 아무리 기억을 더듬어 보아도 입구에서 몇 발자국 옮기면서 오물을 발견하고, 오물을 피하려다가 깼기 때문에 터널 끝을 본 기억은 없었다. 하지만 자연동굴이 아니고, 침목이 놓여있는 기차터널이었다는 사실은, 일이 해결될 것이라는 믿음을 갖게 했다. 오물은 피하면 되고, 터널이 끝나는 곳에는 출구가 있으니까 희망을 가지고 기다렸다. 덕분에 터널만 끝이 있는 것이 아니라, 모든 일에는 끝이 있고, 결국엔 해결할 수 있다는 것도 알게 되었다.

사노라면 늘 밝고 평탄한 길만 가는 것이 아니다. 터널처럼 어둡고 힘든 곳을 지나야 할 때도 있다. 그동안 살면서 때로는 짧고 때로는 긴 터널을 수없이 지나왔다. 세상과 단절된 기분일 때도 포기하지 않고 꾸준히 걷다 보면 언젠가는 출구에 다다르게 된다는 사실을 믿었다. 출구에 도착하면 더 밝은 세상을 볼 수 있다. 어둠속에 갇혔다가 보는 하늘은 더 푸르고 햇빛은 더욱 눈부시다. 출구가 있는 터널은 희망이 있다.

　희망이라는 말은 희망이었다.

마침내 그리스

여기 이오니아의

바다가 보이는 언덕

지금은 오직 도마뱀만

메마른 돌 위를 기어가는

아무도 없는

그 옛날 원형극장의 폐허

　　　-이하 생략-

- 게오르게 세페리스, 〈희랍의 폐허〉 중에서

내게는 낡은 노트 한 권이 있다. 중학교 때부터 국어선생님이 소개하는 시나, 책을 읽으면서 좋은 글은 펜촉에 잉크를 꼭꼭 찍어서 한 자 한 자 정성스레 적어 놓았던 노트다. 세월이 지나 종이가 낡아서 볼품은 없지만, 그 시절을 돌아볼 수 있는 소중한 물건이다. 기록은 내게 보물과도 같기 때문이다.

그 노트에 적어놓은 시詩 중에는 참 오랫동안 잊히지 않고 마음속으로 늘 뇌이던 시 〈희랍希臘의 폐허廢墟〉이다. 그리스의 대표적인 시인 '게오르게 세페리스(Giorgos Seferis/1900년~1971년)'는 외교관이면서 헬레니즘 문화에 녹아있는 서정적인 시를 발표했고, 1963년 노벨문학상을 받은 시인이다. "여기 이오니아의 바다가 보이는 언덕, 그 옛날 원형극장의 폐허" 이 시에 마음을 빼앗긴 나는 세월의 흐름과 쓸쓸함과, 허물어진 원형극장이 있는 나라를 마음에 담아두었다. 허전하고 슬픈 감정과 외로움, 시의 운율이 주는 아름다움은 늘 입속에 머물게 하는 시구였다. 폐허가 된 희랍의 원형극장이 궁금했지만 중학생이었던 그때는 상상하는 것만으로도 버거웠다. 시간이 지나면서 언젠가는 꼭 가보리라는 기대를 갖게 되었다.

얼마나 많은 세월이 흘렀는가. 바쁘게 살 때는 잊고 있다가 여유가 생기자 도지는 병처럼 도마뱀만 메마른 돌 위를 기어가는, 이오니아의 바다가 보이는 언덕 그곳이 궁금했다. 하지만 시인이 노래했던 그곳엔 쉽게 갈 기회는 오지 않았다. 어느 날 아들 내외가 여행하고 싶은 곳이 있으면 추천하라고 했다. 함께 가겠다는 것이다. 나는 가보고 싶은 곳이 몇 나라 있지만 그중에 그리스가 첫 번째라고 했다. 아들은 다들 선호하는 뉴질랜드, 호주 그런 곳이 아니고 그리스인 이유가 궁금한 모양이었다. 소녀 적에 만났던 시에 대한 이야기를 들려줬다. 듣고 난 아들 내외가 쾌히 동행하기로 하고, 여행 준비를 하는 데 두어 달이 걸렸다. 모든 예약은 그들이 했지만 그곳에서도 꼭 보고 싶은 곳을 미리 찾아보는 것은 내 몫이었다. 메테오라 수도원, 아폴론 신전 등 그리스엔 유적지도 많고 아름다운 바다와 갈 곳이 많이 있지만 원형극장을 꼭 가봐야 한다고 주문했다. 그리스의 원형극장만 고집하는 것은 융통성이 없는 것이 아닌가 하는 생각이 들기도 했다. 그러나 막상 떠나려고 준비하는데 유치원생 손자가 가기에는 여러 가지 여건이 무리인 것 같아서 전문 여행사의 패키지여행으로 우리 부부만 떠나기로 계획을 바꾸었다.

지난해 4월 드디어 예약을 마치고, 나는 남편과 함께 출발하게 되었다. 인생에서 성공은 꿈꾸는 자의 몫이라고 했던가. 그 시를 처음 읽었을 때부터 마음 한쪽에 담아놓고 언젠가는 가보리라는 생각을 버리지 않았다. 오랜 세월에 노트처럼 생각도 낡아질 법했지만, 시간이 지날수록 더욱더 생생하게 다가왔다. 드디어 시의 무대였던 그리스로 지난해 5월 출발했다.

그리스는 아름다운 나라였다. 오래된 건축물은 낡고 파괴되고 깨지고 허물어졌지만 그 나라의 역사 유적지와 지구의 지각변동을 생생한 현장에서 볼 수 있는 것이 편안하고 아름다웠다. 올림포스로 가는 길 돌담에서 정말로 도마뱀이 기어가는 모습을 보면서 한 세기 전, 시인이 보았던 그 도마뱀을 만난 것처럼 흥분하기도 했다. 그건 나만이 느끼는 희열이었다. 그런데 여행 시작하고 삼일 되는 날 버스 뒷자리에서 일행 중 한 여성이 친구와 하는 이야기를 들었다.

"난 이틀 동안 그리스에 대한 로망이 싹 사라졌어. 내가 깨진 돌멩이 보러 여기 온 것은 아닌데 후회스러워. 가는 곳마다 깨진 돌멩이뿐이잖아."

사람마다 생각이 같을 수는 없지만 나는 분명히 폐허 속에서 무엇인가 찾으려고 했는데 이네들은 무엇을 생각하고 왔을까. 아마도 새하얀 건물과 청색 지붕, 사진으로 보던 산토리니의 낭만을 찾아서 온 것일까?

이곳의 '폐허'는 반쯤 무너진 돌기둥과 망명, 실향, 역사적 붕괴 이후 남겨진 그리스인의 정신적 풍경이다. 아직도 본래의 모습을 유지하고 있는 고대 문명의 향수, 지중해의 푸른 바다와 햇빛 가득한 언덕, 역사와 신화가 스며든 장소, 파도에 닳은 해변과 고요한 바다, 이곳에 그리스의 역사가 깃들어 있다. 산토리니에서 시간을 초월한 고요함과 석양이 아름다운 바다를 바라보는 곳은 지중해의 에게해(海)라고 한다. 서쪽엔 이오니아의 바다와 언덕, 잃어버린 문명이나 이상향, 혹은 과거의 영광에 대한 회상을 할 수 있는 곳이 있다.

이오니아는 한때 문명이 꽃피었던 곳이다. 철학자들이 길을 걷고, 시인들이 신들의 이야기를 노래하며, 인간이 무엇인가를 끊임없이 물었던 땅. 그러나 지금, 그 모든 것은 사라졌다. 그러나 원형극장은 유적지로 남아있는 곳과 현재 공연을 하는 극장도 있었다. 나는 폐허의 원형극장 돌계단에 앉아 보았다. 그 옛날 사람들이 앉았던 좌석, 돌계단 틈에는 풀이 나서 자라고 돌은 세월에 풍화가 되어 부서지고 거칠었다. 돌 틈새에 자라는 이름 모를 야생화를 카메라로 담는데 어디서 나타났는지 혼자 여행 다닌다는 우리나라 여학생이 우리 내외의 사진을 찍어주겠다고 한다. 백발의 남편과 내가 손잡고 다니는 모습이 좋아 보인단다. 발랄한 그녀는 내 젊은 모습을 보는 것 같아 고맙고 정이 갔다. 폐허의 유적지에서 내 나라의 젊음을 만난 것도 아름다운 풍경이 되었다.

산토리니에서 바라보는 푸른 바다가 조용히 출렁인다. 바다는 말이 없다. 한 시대의 기억처럼 코끝을 스치는 바람을 느끼며 나는 천천히 일어나 바다를 바라본다. 지나간 문명의 숨결을 듣는다. 부서지고 파괴된 그곳에서 서서히 가슴에 평온이 깃든다.